ROME

(AVRIL 1885)

LES VOSGES

(AOUT-SEPTEMBRE 1885)

ORLÉANS

IMPRIMERIE DE GEORGES JACOB

CLOITRE SAINT-ÉTIENNE, 4

1885

ROME

(AVRIL 1885)

LES VOSGES

(AOUT-SEPTEMBRE 1885)

ROME

(AVRIL 1885)

LES VOSGES

(AOUT-SEPTEMBRE 1885)

ORLÉANS

IMPRIMERIE DE GEORGES JACOB

CLOITRE SAINT-ÉTIENNE, 4

—

1885

ROME

(AVRIL 1885)

De Paris à Florence.

Quelques mois à peine se sont écoulés, au moment
où j'écris ces lignes, depuis l'époque où je vous ai,
chers amis, présenté mon précédent livre, et pourtant je
n'ose me flatter qu'il en soit resté un souvenir durable
dans vos esprits, assurément fort sympathiques à mes
récits et à leur auteur, mais occupés pour la plupart
de choses bien autrement sérieuses. Une page cependant
aura peut-être appelé davantage votre attention, moins
par elle-même que comme ouvrant la perspective d'un
nouveau voyage, dont l'histoire racontée à son tour offri-
rait sans doute un certain intérêt. Nous venions de
quitter Florence, et nous allions à Pise, d'où le lendemain il nous faudrait reprendre le chemin de la France ;
c'est alors que traversant à Empoli la gare où aboutit
une des lignes de Rome, je ne voulus pas m'éloigner
sans avoir jeté vers la Ville Éternelle un regard de
regret et en même temps d'espérance ; et à ces mots
vous avez compris où je vous donnais rendez-vous.

Toutefois ce qui dominait en moi, quand je passais

ainsi à Empoli, c'était de beaucoup l'amertume du sentiment pénible que j'éprouvais en ne pouvant aller plus loin, et que tempérait à peine la pensée d'un retour possible et prochain : nous étions au 25 avril 1884, et de la sorte au moins une année entière nous séparait de l'époque où je pourrais songer à nous remettre en route, une année, un délai bien court et bien long à la fois ; bien court, quand il s'est écoulé, et qu'on l'a derrière soi ; bien long au contraire, quand à peine entamé il devra se passer dans l'attente ; une année, avec tout l'imprévu qui en est le cortège ! Puis les mois se sont succédé, mes devoirs professionnels d'abord et plus tard les circonstances que j'ai rappelées dans mon récit m'ont empêché de l'écrire ; ensuite, chez mon très aimable mais beaucoup moins exact imprimeur, durant plusieurs semaines ma brochure est restée en détresse, et déjà quand elle a paru avait cessé d'être vrai le millésime 1884 inscrit au frontispice de mon livre. Pendant ce temps l'idée d'un voyage à Rome avait fait son chemin dans mon esprit, et je m'étais petit à petit familiarisé avec elle ; ce qui en avril 1884 m'avait presque semblé une conception téméraire était devenu en février 1885 d'une réalisation facile, et ainsi trouva tout naturellement place sous ma plume la phrase à laquelle je faisais allusion tout à l'heure.

Cette excursion lointaine, j'ai pu l'accomplir, en partie du moins, comme on le verra bientôt, et j'entreprends aujourd'hui, lecteurs amis, de vous la raconter, plus confiant que jamais dans votre bienveillance ordinaire ; car non seulement, pour parler dignement d'un tel sujet, il me faudrait m'élever à sa hauteur, mais encore il me manquera presque absolument partout, pour le faire valoir quelque peu, le cadre dont j'aurais aimé à pouvoir l'entourer, ce qui dans mes récits précédents a été la partie la plus facile à traiter et en même temps la seule susceptible d'y introduire de la variété, la description de l'itinéraire suivi, à l'aller et au retour, et aussi les quelques petits incidents qui ont pu se produire en route. En outre, et pourquoi ne le dirais-je pas ? il s'agit ici d'un terrain brûlant, sur lequel il est sage de ne s'aventurer qu'avec une extrême réserve, c'est-à-dire que certaines questions, si on les aborde, sont de nature à soulever des débats irritants, à donner lieu à des observations délicates : si, à Rome, presque tout est digne d'éloge, je n'essaierai pas de nier qu'il y ait çà et là au tableau quelques ombres légères, qui, si elles sont reconnues et signalées par moi, ne manqueront pas d'être chargées par plusieurs de teintes bien plus sombres, tandis que les vives couleurs sous lesquelles j'aurai dépeint le surplus devront à leurs yeux perdre beaucoup de leur éclat. Je ne serai donc ni un apologiste à outrance, ni encore moins un critique ; je me contenterai de constater, mes lecteurs apprécieront ; et de la sorte, ce livre ne sera guère qu'une assez courte monographie de Rome, heureux si, après avoir inspiré à quelques personnes le désir d'y aller après nous, il leur en facilite les moyens par les indications qu'elles pourront y puiser : tel est le but, l'unique but que je me propose, et ce serait chez moi une pensée présomptueuse que de chercher à en poursuivre un autre.

Cette année encore j'avais tout naturellement fait choix, pour retourner en Italie, des vacances de Pâques, auxquelles s'ajouterait un congé que je pren-

drais à la suite ; j'avais même songé un instant à partir
dès qu'elles auraient sonné, afin d'être rendu à Rome
pour la Semaine Sainte. Mais des personnes compé-
tentes m'en détournèrent, disant qu'à raison des circonstances actuelles, se trouver à cette époque de
l'année dans la capitale du monde chrétien n'avait plus
d'intérêt, et offrait même cet inconvénient, qu'on y
était moins bien qu'avant ou après, par suite de la très
grande quantité d'étrangers qui continuent à y venir
alors, fidèles aux anciennes habitudes et croyant assister à des cérémonies qui n'ont plus lieu en public.
Partir plus tôt, il n'y fallait pas penser, et plus tard
était parfaitement possible, en 1885 surtout, puisqu'on
avait devant soi le mois d'avril tout entier, saison extrêmement favorable, à moins cependant que comme,
cette année, mars avait été très beau, l'un des deux
étant ordinairement mauvais, le temps ne prît au mois
suivant une revanche fâcheuse, ce qui malheureusement se produisit. Il fut donc décidé que, de même
que pour le précédent voyage, nous nous mettrions en
route pour celui-ci le lundi de Pâques, 6 avril.

Nous nous étions trop bien trouvés la première fois
de nos billets circulaires pour ne pas nous en servir
encore, mais sachant par cœur l'itinéraire par Bâle, la
Suisse et Milan, et, sauf une lacune entre cette dernière
ville et Bologne, connaissant également le parcours par
Florence, nous ne tenions nullement à les prendre
encore une fois : nous irions donc gagner Gênes par
Lyon, Marseille, Nice, et la ligne de la Corniche, de là
nous ferions à nos frais, à l'aller et au retour, le trajet
entre Gênes et Pise ; nous nous munirions alors d'un
coupon italien qui par Florence et Chiusi nous condui-

rait à Rome, pour nous en faire revenir par Civita-
Vecchia ; si rien ici ne nous empêchait de continuer
jusqu'à Naples, on nous le prolongerait à cet effet ;
enfin revenus à Gênes, et retrouvant là notre premier
billet, nous rentrerions en France et regagnerions Paris
par le mont Cenis, Chambéry et Mâcon. C'est là en
réalité, pour quiconque dont la Ville Éternelle est le
véritable objectif, la route la plus directe, et si jamais
j'entreprenais de nouveau le voyage, je n'hésiterais pas
à la choisir de préférence à toute autre.

Tel était donc mon programme, et déjà à raison de
ce que nous nous trouverions à Nice au moment des
régates internationales qui y attirent chaque année pendant la semaine de Pâques une certaine quantité
d'étrangers, j'avais eu soin de m'assurer que, malgré
cette coïncidence, nous pourrions nous loger dans des
conditions raisonnables. Mais, hélas ! l'homme propose,
et ce n'est pas seulement Dieu qui dispose, les tunnels
s'en mêlent parfois aussi, ou, pour parler d'une façon
plus orthodoxe, le souverain Maître du monde se sert
des éléments qu'il tient dans sa main toute-puissante
quand il veut nous faire sentir notre dépendance et
l'inanité de nos projets. Il advint donc que peu de jours
avant celui qui était fixé pour notre départ, j'appris,
tout à fait par hasard, mais fort heureusement, que par
suite d'un éboulement qui venait de se produire dans
une galerie entre Gênes et la *Spezzia*, la voie ferrée était
interceptée, que les communications entre ces deux
points avaient lieu par mer, mais une fois seulement
dans chaque direction par un espace de vingt-quatre
heures, et que si cette traversée, de la *Spezzia* à Gênes,
se faisait à une heure acceptable, de six heures du ma-

tin à midi, dans le sens opposé, elle avait lieu au contraire de minuit à six heures du matin, c'est-à-dire à un
moment où, si la navigation était pénible, elle devien-
drait impossible, et si elle restait facile on en perdrait
au milieu des ténèbres le principal attrait ; les travaux
nécessaires pour remettre les choses en état dureraient
un mois au moins, peut être deux : il fallait donc absolument renoncer à passer par Gênes et Pise, du moins
pour l'aller; on verrait quand il s'agirait du retour.

Je me mis alors à étudier d'urgence les diverses
combinaisons qu'offrent les billets français et italiens,
et j'arrivai à cette conclusion, qu'entre Paris et Milan
ce qu'il y avait à prendre de mieux était le livret de
coupons dont nous avions fait usage l'an dernier, par la
Suisse à l'aller, et le mont Cenis au retour, ou *vice
versâ*, du prix de 165 fr. en première classe, et, plus
loin, un autre de 125 fr., aussi en première, de Milan
à Milan par Bologne, Florence, Rome, Pise, Gênes
et Turin, que nous abandonnerions dans cette dernière
ville, pour reprendre le précédent, soit, au total,
290 fr., chiffre minimum, pour frais de route, que,
tout compte fait, puisse coûter dans les conditions que
je viens d'indiquer un voyage de Rome. Je me fis donc
envoyer par M. Lubin le billet français en question,
l'autre ne pouvant m'être fourni qu'en Italie, et des
coupons d'hôtels pour une somme de 100 fr. seulement,
qui me serait plus que suffisante, ne devant pas m'en
servir à Rome, où m'avait été indiquée une pension
dont je parlerai bientôt. Cette fois encore je n'ai eu qu'à
m'applaudir de ces *biglietti circolari*. Rien n'est plus
facile, c'est assez de les montrer pour qu'ils servent de
laisser-passer dès qu'on les a fait revêtir du *visa* voulu,

souvent même d'en faire voir simplement la couverture ;
à la rigueur, celle-ci pourrait presque suffire, surtout
quand on est deux, et qu'on a soumis à la vérification
l'un des livrets ; j'exhibais le mien, et je ne crois pas
qu'un employé ait jamais contrôlé celui de Louis.

Le lundi 6 avril, nous sommes donc partis pour
Paris par notre train habituel, celui de une heure quarante minutes, en l'aimable société d'un collègue, qui
est en même temps un de mes vieux amis, mais qui en
fait de voyages n'a guère jamais entrepris que les
miens, au coin de son feu, dans une soirée d'hiver ;
sa conversation me fit du bien, à cette heure où je quit-
tais les miens pour m'en aller plus loin qu'il ne m'était
jamais arrivé. Ensuite, à huit heures quarante minutes,
nous avons pris à la gare de l'Est le rapide de Bâle,
et à sept heures trente du matin nous étions en route
pour Lucerne. Mais alors l'hiver voulut, sans doute,
nous faire savoir qu'il n'avait pas encore abdiqué, car
une neige abondante se mit à tomber et cacha le sol
à un tel point, qu'à une heure, quand nous descen-
dîmes de voiture à *Gœschenen*, pour dîner à l'excellente table d'hôte dont bien des fois déjà j'ai célébré
les mérites, il fallut balayer les trottoirs et la voie pour
nous frayer le passage. Même au delà du Gothard, la
tourmente s'était fait sentir, et ce fut à travers une vaste
nappe d'une blancheur éblouissante, qui couvrait non
seulement les flancs et le sommet des *montagnes*, mais
aussi la vallée même du *Tessin*, que nous arrivâmes à
Bellinzona. Mais là cette année nous n'avions pas à
changer de train, puisqu'au lieu d'aller gagner *Luvino*,
nous suivions la ligne directe, celle de *Lugano, Chiasso*

et *Como ;* à huit heures nous nous arrêtions donc sous
la belle gare de Milan, aux feux de la lumière électrique ; mettant notre valise au *deposito,* nous dînions
au buffet ; et par les tramways où cette fois nous
montâmes hardiment comme des gens qui savent où ils
vont, nous retrouvions sur le *Corso Vittorio Emanuele*
notre hôtel du Lion, où nous avions été trop bien traités
l'an dernier pour ne pas y retourner, et nous ne tar-
dions pas à nous endormir d'un profond sommeil, fatigués de ces vingt-quatre heures de chemin de fer qui,
d'une seule traite, nous avaient transplantés de France
en Italie, de Paris à Milan.

Notre second gîte d'étape pour le mercredi 8 avril
était Florence, une forte journée encore, puisque nous
n'arriverions que le soir à neuf heures vingt minutes ;
mais au moins nous pouvions, suivant l'expression
consacrée, rester au lit la grasse matinée, du moment où nous ne nous remettions en route qu'un peu
avant midi, et que sauf une visite au *Duomo* et à la
galerie, deux choses qu'on revoit toujours avec plaisir, nous n'avions rien à faire jusque-là qu'à nous reposer ; j'avais même dès la veille, en débarquant,
profité de notre présence à la gare pour nous faire
délivrer le second billet circulaire que nous comptions
prendre ; et fort aimablement, l'employé l'avait visé à
la date du lendemain. Nous avons donc alors quitté
Milan à onze heures quarante ; nous avions à prendre
au passage à une heure trente-quatre à Plaisance l'express parti de *Torino* à huit heures quarante du matin ; mais notre train s'est trouvé contenir des voitures
directes à destination de Florence : une fois montés
dans l'une d'elles nous n'aurions donc plus jusqu'au

soir à nous préoccuper d'aucun changement de direction, *cambio di treno.*

Le parcours que nous allions suivre était nouveau pour nous d'ici à Bologne, il l'est dès lors aussi pour mes lecteurs, et comme tel, je leur en dois la description. Nous avions un de ces *diretti* qui sont en Italie les trains de vitesse, mais n'en ont guère que le nom, avec la nécessité de payer 10 p. 100 en sus du prix des omnibus, supplément qui, bien entendu, ne nous concernait pas, porteurs que nous étions de billets circulaires; nous n'avons d'ailleurs partout pris que de ceux-là, les seuls possibles pour une distance tant soit peu longue ; autrement on n'arriverait jamais. Nous ne faisions halte ainsi qu'aux stations principales, ce qui n'empêchait pas les arrêts d'être assez fréquents. Ce fut d'abord *Melegnano*, l'ancien Marignan, célèbre dans les fastes militaires par les deux batailles qui se livrèrent aux environs; le 14 septembre 1515, François Ier fit éprouver aux Suisses une sanglante défaite, et le 7 juin 1859 nos troupes forcèrent les Autrichiens à se mettre en retraite. La plaine fertile au milieu de laquelle circule le railway est sillonnée d'innombrables canaux d'irrigation, et bientôt l'on est à *Lodi*, encore un nom illustre dans notre histoire depuis que le 10 mai 1796 Bonaparte y prit d'assaut le pont de l'*Adda*. On coupe alors à *Casalpusterlingo* un tronçon transversal, qui va de Pavie à Mantoue par Crémone; on traverse le Pô, qui commence à être déjà une belle rivière, et l'on arrive à Plaisance. C'est une ville de 35,000 habitants, chef-lieu de province, siège d'un évêché et d'un commandement de corps d'armée, à une demi-lieue de la rive droite du fleuve,

que franchit un pont de bateaux, et à côté le viaduc du
chemin de fer ; elle a de larges rues, plusieurs églises
remarquables, et de vieux restes de remparts.

De là à Bologne, la ligne ferrée suit la direction de la
voie Émilienne, ancienne route militaire de 240 kilomètres de longueur et se prolongeant jusqu'à *Rimini*,
construite en 180 environ avant l'ère chrétienne par le
consul *M. Æmilius Lepidus*, qui a donné plus tard au
pays le nom d'Émilie qu'il porte toujours, et dont on
voit encore bien des vestiges, un arc de triomphe notamment, que nous découvrons distinctement du wagon.
Le parcours présente alors un certain intérêt, et il
emprunte de l'animation aux nombreux cours d'eau
que l'on rencontre, descendus des Apennins et allant
gagner le Pô, l'*Adda*, plus loin à *Borgo San-Donnino*,
un autre dont j'ignore le nom, le *Taro*, sur lequel est
jeté un pont de vingt arches, construit de 1815 à 1821
sous le règne de Marie-Louise, l'ancienne impératrice ;
on a de là une vue superbe sur la chaîne des montagnes
qui se profilent à droite ; l'*Enza*, ancienne frontière des
duchés de Parme et de Modène, la *Secchia*, le *Panaro*,
trois ou quatre petites rivières encore, des torrents plus
ou moins desséchés.

Il y a aussi sur la route des localités importantes et
qui mériteraient que l'on s'y arrêtât, trois chefs-lieux
de province, dont deux sont aussi d'anciennes capitales
de duchés : sur un affluent du Pô, qui porte le même
nom, *Parme*, où régna jusqu'en 1859 la sœur du comte
de Chambord, très ancienne cité, mais complètement
modernisée, de 45,200 habitants, siège d'une Université fondée en 1549 ; le dôme et un baptistère sont
assez remarquables ; l'industrie des chapeaux de feutre

et des pendules y est surtout florissante ; *Reggio*, ville
de 19,200 âmes, ayant de larges rues bordées d'arcades,
patrie de l'*Arioste*, dont on montre la maison pater-
nelle, dans le voisinage du *Municipio ;* à quelque distance sont les ruines du fameux château de Canossa,
de la comtesse Mathilde, où l'empereur Henri IV fit
pénitence pendant trois jours, du 25 au 28 janvier 1077,
devant le pape Grégoire VII ; Modène, enfin, avec
30,000 habitants, ayant aussi une université et une école
des beaux-arts. On est alors dans une plaine fertile,
on passe une rivière étroite, le *Reno*, et s'approchant
de Bologne à travers une contrée découverte et embellie
par une végétation des plus riches, en vue de la Madone
de Saint-Luc, sur le mont *della Guardia*, qui domine
les alentours, on ne tarde pas à y arriver.

Il était quatre heures quarante-cinq minutes, et un
temps d'arrêt de trente minutes est alors ménagé ; mais
la considération du *mangement,* comme dirait un Anglais, ne doit pas seule avoir déterminé cette attention,
car c'est là une question dont en Italie on se préoccupe
fort peu ; tout au plus, vers l'heure du dîner ou du déjeûner, une halte de quinze ou vingt minutes est-elle
laissée par ci par là dans la marche des *diretti*. Mais
l'organisation des buffets est si défectueuse que c'est
tout à fait insuffisant ; bien qu'ayant cette fois, à Bologne, une demi-heure, à peine avons-nous eu le temps
de prendre un repas convenable. J'ai déjà décrit, dans
mon livre de 1884, le trajet que nous eûmes alors à
faire jusqu'à Florence ; je n'en dis donc rien aujour-
d'hui, si ce n'est que plus favorisés qu'un an auparavant nous n'eûmes pas la surprise désagréable de
nous trouver dans les nuages, au sortir du tunnel de

Pracchia; mais la nuit était venue, et les ténèbres nous avaient envahis, ce qui ne valait pas mieux, de sorte que nous n'en avons pas vu davantage.

De Florence à Rome.

Devant seulement coucher à Florence, nous avions le projet, comme à Milan, de mettre nos bagages à la consigne, mais la gare semblait en reconstruction, et nous cherchions vainement le *deposito,* quand s'est présenté à nous un individu qui, nous offrant ses services sans que nous les eussions sollicités, s'est mis à nous guider à cet effet; puis il a continué ses bons offices, et nous nous demandions pourquoi tant d'obligeance, quand nous en avons deviné la cause, en nous trouvant à la porte d'un petit hôtel, celui de la Poste; ce nom ne figurait pas sur une liste que j'avais faite de plusieurs maisons situées dans le voisinage de la station où nous pourrions aller chercher un gîte; mais il n'y avait pas moyen de reculer, il fallut nous exécuter et nous entrâmes. Je me hâte d'ajouter que nous n'avons pas eu à nous plaindre : quoique modeste, l'*albergo della Posta* n'occupe pas sur l'échelle des établissements de cette nature une place aussi humble que nous pouvions le redouter.

Il ne s'agissait, du reste, que d'une nuit à passer; nous aurions même eu la facilité de ne pas séjourner du tout à *Firenze,* un départ ayant lieu pour Rome peu après notre arrivée, le soir ; mais c'était un train de nuit : or je tenais à faire durant le jour cette section intéressante du chemin. Le jeudi 9 avril, à huit heures du matin, nous nous sommes donc mis en route pour la Ville Éternelle, d'où nous séparaient encore 308 kilomètres, que nous emploierions huit heures à franchir.

La voie contourne d'abord Florence, et suit plus loin l'*Arno*, tantôt à droite, tantôt à gauche : dans le haut se montre *Fiesole ;* puis la vallée se rétrécit peu à peu, et il arrive un moment où la rivière s'est frayé un passage au travers de la montagne calcaire, ce qui a fait donner le nom d'*Incisa* à la localité. Ici et plus loin, le pays est intéressant, paraît-il, au point de vue paléontologique, car on y a trouvé quantité d'ossements fossiles d'animaux, dont plusieurs appartiennent à des espèces aujourd'hui disparues ; il semble que ce bassin ait formé primitivement un grand lac. Dépassant alors deux centres plus importants : *San Giovanni* et *Montevarchi*, on monte doucement au plateau d'*Arezzo* et l'on atteint cette petite ville de 11,500 âmes, proprette et agréable, siège d'un évêché, dans une contrée belle et fertile, et en même temps riche en souvenirs et en monuments historiques, l'*Arretium* des anciens et patrie de beaucoup d'hommes célèbres, dont Mécène, le fameux ami d'Auguste, et le grand poète Pétrarque.

Le train en continuant sa marche nous donne l'occasion d'un beau coup d'œil en arrière sur *Arezzo*, et déjà dans le lointain on découvre, majestueusement assise sur une colline, une autre station que l'on atteint à son tour, *Cortona*, une des localités les plus anciennes de l'Italie, de 9,000 habitants, dans un site élevé au-dessus du *val di Chiana*, ce qui, joint aux antiqui-

tés étrusques qu'on peut y voir, en rend la visite intéressante ; seulement la gare est au pied de la hauteur
qui couronne la ville, et il faut trois quarts d'heure de
marche pour monter à celle-ci. Cette vallée de la
Chiana, où l'on se trouve alors, et que je viens de
nommer, aussi fertile aujourd'hui que bien cultivée,
était autrefois un lac, et elle fut jusqu'au milieu du
siècle dernier un marécage pestilentiel. On en a élevé
le sol et fait écouler les eaux, en canalisant les ruisseaux, qui ont été forcés ainsi de déposer dans les bas-
fonds les terres qu'ils amenaient des montagnes ; in-
venté par deux mathématiciens célèbres de l'école de
Galilée, ce système bienfaisant fut mis en pratique en
dernier lieu par un savant homme d'État, enfant
d'*Arezzo*, le comte *Fossombroni*. Par suite de ces travaux, la *Chiana*, la *Clanis* des Latins, qui jadis se
jetait dans le Tibre, ne communique plus maintenant
avec ce fleuve que par un bras qui se réunit à la *Paglia*, près d'*Orviéto*, la plus grande partie de ses eaux
s'écoulant dans l'*Arno*, par le canal *Maestro*.

C'est ensuite *Terontola*, une localité sans importance, mais qui est le point de raccordement des lignes
de *Chiusi* et *Orte*, que nous allions suivre, avec celles
de *Pérouse*, *Assise* et *Foligno*. Nous aurions voulu
pouvoir prendre cette dernière direction pour laquelle
sont valables comme pour l'autre certains billets circulaires, et n'arriver ainsi à Rome qu'après une sorte
de crochet qui nous aurait permis de voir les trois villes
dont je viens de dire les noms, avant de rejoindre, à
Orte, le railway principal : peut-être même nous eussions
essayé d'aller encore plus loin, à *Ancône* et au fameux
sanctuaire de *Lorette*. Mais nos coupons ne nous lais-

saient pas le choix, et il nous fallait continuer. Le lac
Trasimène (*Lago Trasimeno*, 258 mètres d'altitude),
que la voie longe alors pendant quelque temps, est une
nappe d'eau de 50 kilomètres de tour sur 12 à 22 de
large, entourée de collines, dont les pentes douces,
couvertes de bois ou d'oliviers, montent peu à peu jusqu'à une grande hauteur ; il est riche en poissons, tels
que carpes, anguilles, etc., et en oiseaux qui sont
l'objet d'une chasse acharnée ; de petits affluents ex-
haussent par leurs alluvions le niveau des eaux, dont la
plus grande profondeur, autrefois de 10 à 12 mètres,
n'est plus que de 6 mètres ; un canal de dessèchement
en faisait écouler l'eau, au XVe siècle, dans un affluent
du Tibre. Ce lac paraît avoir été moins étendu dans
l'antiquité ; depuis Napoléon Ier on s'est occupé quelquefois du projet de le mettre entièrement à sec, sans
cependant le réaliser. C'est dans ces lieux qu'Annibal
remporta sur le consul *C. Flaminius*, le 23 juin 217
avant Jésus-Christ, une victoire sanglante qui coûta aux
Romains 15,000 morts ; et un petit ruisseau qui va
tomber dans le lac, et que franchit la ligne de *Foligno*,
s'appelle *Sanguinetto*, en mémoire des flots de sang qui
en rougirent les eaux. Mais ce souvenir est beaucoup
trop lointain pour assombrir le paysage et empêcher de
le trouver charmant, dans le cadre que lui forment, en
face du voyageur qui va sur *Chiusi*, les hautes montagnes où Pérouse se cache.

La voie tourne à l'ouest, dans la vallée de la *Chiana*,
où paissent en liberté des troupeaux de gros porcs,
comme des moutons chez nous ; cela paraît être une
des industries du pays ; et, rejoignant une autre ligne
arrivant d'*Empoli* par Sienne, et que nous suivrons au

retour, elle arrive à la station que je viens de nommer.
Un buffet est installé dans cette gare, et comme il est
près de midi, l'*Orario ufficiale* s'imagine nous faire
une gràcieuseté très grande en nous concédant vingt
minutes d'arrêt; mais nous n'avons que le temps
d'acheter un morceau de roastbeef, du pain, deux
oranges, et comme dans certains débits, du vin *à emporter*, un flacon de *Chianti* que, par parenthèse,
nous devions laisser aux trois quarts plein sous la ban-
quette du wagon. Nous reprenons donc nos places,
avec nos victuailles, contre lesquelles nous nous escri-
mons de notre mieux, mais pas d'une façon complètement satisfaisante, paraît-il, puisque nous eûmes, le
soir, beaucoup de peine à attendre l'heure du dîner.
Tout en les attaquant avec vigueur, nous jetons cependant un coup d'œil à la fois sur *Chiusi* et sur notre
Guide Bœdeker, *Italie centrale*, que depuis Florence
nous avions substitué à l'*Italie septentrionale*, du
même auteur, et nous lisons dans l'un que l'autre est
une ville de 5,000 habitants, l'antique *Clusium*, une
des douze cités principales, ou Lucumonies des Étrusques, souvent mentionnée dans l'histoire de leurs
guerres contre Rome, surtout comme résidence de
Porsenna, cruellement désolée par la *malaria* au
moyen âge, et c'est seulement de nos jours, depuis
qu'on a desséché la vallée de la *Chiana*, qu'elle s'est
relevée; nous apprenons aussi qu'en dessous de
Chiusi s'étend un labyrinthe de galeries souterraines,
qu'on pense avoir été un système compliqué d'égoûts,
pour lesquels les anciens habitants de l'Étrurie, qui
entendaient fort bien tout ce qui concerne la salubrité
publique, avaient acquis une habileté très grande; enfin,

aux environs de la ville, sont des tombeaux étrusques remarquables, dans des collines isolées et disséminées à quelque distance. Sur le chemin de la gare s'ouvrent également de petites catacombes des premiers temps du christianisme.

Mais pendant cette lecture et notre repas, le train avait marché, et, descendant la vallée de la *Chiana*, il était arrivé dans un endroit où le sol, écrit Bœdeker, se compose de grès tertiaire, tandis qu'un peu plus loin commence le terrain volcanique, dont le centre est le lac de *Bolsène ;* puis il s'arrêta à *Orvieto*, ou plutôt à la station de ce nom, au pied du bloc de tuf isolé sur lequel est bâtie cette petite ville de 8,000 âmes, à 355 mètres au-dessus du niveau de la mer et 224 au-dessus de la *Paglia*, cours d'eau torrentiel, qui coule ici, un affluent du Tibre. Au moyen âge, c'était une des principales forteresses des Guelfes, et elle servit de refuge aux papes ; elle est encore aujourd'hui le siège d'un évêché, et construite comme celles de Florence et de *Sienne*, en assises alternatives de marbres noir et blanc, sa cathédrale splendide est un des plus beaux échantillons d'architecture gothique en Italie, et un des monuments les plus remarquables de ce pays, qui en est pourtant si riche. Il y aussi à *Orvieto* une nécropole étrusque, découverte depuis peu, sur le versant nord-ouest de la masse rocheuse où la ville est assise.

Le chemin de fer atteint ensuite la vallée bien boisée du Tibre, dont le large lit pierreux témoigne de nombreuses inondations, et ce n'est pas sans un certain respect que pour la première fois on salue le fleuve fameux ; il roulait en ce moment, à pleins bords, ses eaux fangeuses et plus que jamais jaunâtres, *flavus*

Tiberis. Une assez forte crue l'avait même fait s'étendre au delà de ses limites, dans la vallée que nous allions descendre, et, deux jours plus tard, débordé de nouveau, nous devions voir à Rome une petite place, voisine du pont Saint-Ange, envahie par ses flots limoneux, qu'une bouche d'égoût y laissait pénétrer. Plusieurs tunnels se succèdent ici, et l'on suit la rive droite du fleuve jusque dans le voisinage d'*Orte*, qui apparaît sur une hauteur, à trois kilomètres du railway; de chaque côté, on découvre de beaux points de vue, et bientôt se montre la crête dentelée du *Soracte*, chanté par Horace :

Vides ut altá stet nive candidum Soracte,

et par Virgile :

Summe Deûm sancti custos Soractis Apollo,

aujourd'hui le mont Saint-Oreste, un massif de roche calcaire, qui court du nord-ouest au sud-est, sur une longueur de cinq à six kilomètres, abrupt des deux côtés et formant plusieurs cimes, dont la plus haute, celle du milieu (686 mètres), est occupée par l'église de Saint-Sylvestre, sur l'emplacement d'un temple d'Apollon, fort célèbre dans l'antiquité.

Dépassant alors *Borghetto*, que domine un château en ruines, on passe sur la rive gauche du Tibre, on s'engage dans la *Sabine*, et ainsi l'on arrive à *Monte Rotondo*, que Garibaldi prit d'assaut le 26 octobre 1867; mais à 2 kilomètres de là se trouve *Mentana*, petit village appartenant au prince Borghèse, l'ancien *Nomentum*, où le célèbre agitateur fut à son tour battu et repoussé par les troupes pontificales et françaises

réunies, le 3 novembre suivant. Il y a d'ici à Rome
trois quarts d'heure de chemin ; on suit la direction de
l'ancienne voie *Salara* ; à gauche sont les montagnes
de la *Sabine* et les *Monts-Albains* ; mais nous n'igno-
rions point qu'à droite n'allait pas tarder à se montrer
le dôme de Saint-Pierre ; nous venions de l'apprendre
par deux ecclésiastiques, nos voisins de compartiment,
que leurs soutanes noires nous faisaient prendre pour
de simples prêtres. Les entendant parler notre langue,
nous leur avions demandé s'ils étaient Français, et ils
nous avaient répondu qu'ils avaient le regret de ne plus
l'être, appartenant à un diocèse de l'Alsace-Lorraine :
nous n'avons su que plus tard que nous avions eu
l'honneur de voyager avec Mgr l'Évêque de Strasbourg
et son coadjuteur. Ces Messieurs nous dirent où nous
allions découvrir la coupole fameuse ; nous nous mîmes
aux aguets à la portière de droite, et enfin, avec une
émotion que partagent, j'en suis sûr (quel qu'en soit le
motif), tous ceux qui arrivent à Rome, incroyants ou
fidèles, catholiques fervents ou libres-penseurs, quoi
qu'en disent probablement ces derniers, nous en aper-
çûmes, par-dessus une colline, le sommet qui grandit
peu à peu, et ensuite le dôme majestueux lui-même
apparut. Nous fîmes cependant encore un long circuit
autour de la ville, en dévorant du regard les monuments que nous détaillaient nos éminents compagnons
de voyage ; et, à quatre heures, nous descendions de
voiture sous la galerie vitrée de la magnifique gare de
Rome : gare et Rome, deux mots dont la réunion ré-
sonne singulièrement à mes oreilles, où retentissent
parfois encore, quelque vieux qu'ils soient déjà, les
accents lointains des souvenirs classiques.

Il y avait plus de trois fois vingt-quatre heures que nous avions quitté Orléans, et, du moins, depuis Milan, nous avions marché à petites journées; néanmoins, je commençais à être fatigué de ces séjours prolongés en wagon presque sans intervalle, et j'étais heureux d'arriver dans une ville d'où, pendant plus d'une semaine, nous n'aurions pas à bouger, où tous les jours, à heure fixe, notre couvert serait mis à la même table, et, chaque soir, notre lit nous attendrait dans la même chambre. Les hôtels ne manquent pas à Rome, je n'ai pas besoin de le dire, il y en a même pour toutes les bourses, et notamment il en est un où je n'aurais point hésité à descendre, muni de coupons de l'agence Lubin dont c'est un des correspondants, l'hôtel d'Orient, *via del Tritone*. Mais un excellent curé des environs d'Orléans, avec lequel j'ai l'honneur et le plaisir d'avoir des relations assez suivies, m'avait indiqué un endroit où nous serions très bien, et auquel il regrettait de n'avoir pas donné la préférence dans un récent voyage qu'il a fait en Italie, une pension tenue par une dame Lavigne, ou plutôt, aujourd'hui celle-ci étant décédée, par sa sœur, Mme Estignard, une très digne et très respectable personne, ce qui n'empêche pas la maison d'être toujours la pension Lavigne, ou encore la pension française, *via del Mercede*, 51, dans un quartier central, en face de la Poste, à deux pas du *Corso*. J'avais donc écrit à cette adresse pour retenir une chambre, mais nous n'avions pas eu de réponse. Peut-être l'établissement n'existait-il plus; à tout hasard, cependant, nous nous y sommes fait conduire en arrivant; et là nous avons appris avec satisfaction que nous étions attendus : Mme Estignard avait reçu ma missive, m'avait immédiatement répondu, et c'était moi qui n'avais rien reçu, de sorte que si j'étais allé ailleurs j'aurais passé auprès d'elle, bien innocemment, pour avoir manqué à ma parole.

Nous avons été on ne peut plus heureux d'avoir pris gîte à la pension Lavigne, sous tous les rapports ; l'installation y est bonne, aux deuxième et troisième étages d'une très belle maison ; seulement, l'escalier avait beau être en marbre, les quatre-vingt-quatre marches que nous avions à gravir chaque fois que nous rentrions manquaient absolument de charme ; la cuisine est excellente, la tenue irréprochable, et tout cela ne se paie pas très cher ; nous avions pour 18 fr. par jour, service compris, une chambre très vaste à deux lits donnant sur des jardins, et droit à quatre repas aux deux principaux desquels présidait personnellement Mme Estignard ; thé ou café le matin, à midi et demie déjeuner à la fourchette, dîner très complet à six heures et demie ; ensuite on se retirait au salon, vers huit heures et demie on servait une tasse de thé et quelques gâteaux, et la soirée se passait ainsi à causer et à lire les journaux, dont deux en notre langue, mais d'opinions très différentes, le *Journal de Rome*, organe du Vatican, et l'*Italie*, destinée à défendre la politique du gouvernement français. Il y avait sans doute à cette régularité cet inconvénient qu'elle nous obligeait à revenir à heure fixe, d'un point quelquefois éloigné, pour déjeuner, notamment ; mais tant d'avantages rachetaient ce petit revers de médaille ! D'ailleurs, il faut connaître de bien près une ville d'Italie pour s'aventurer à y manger partout : or, précisément au rez-de-chaussée de la maison était un des principaux endroits

2

où nous aurions pu aller, le restaurant *Cavour*. Enfin les moyens de locomotion ne manquent pas, voitures particulières à 1 fr. la course, et 2 fr. l'heure, omnibus et tramways dans la plupart des directions, dont un grand nombre ayant leur quartier général à la place de Venise, au bout du *Corso*, à dix minutes à peine de la *via di Mercede*.

Nous étions chez Mme Estignard de vingt à trente, dont une petite colonie de compatriotes : un prêtre appartenant à l'une des grandes familles de l'Orléanais, ancien vicaire de l'une des paroisses de notre ville et actuellement à Rome où il suit les cours de plusieurs Facultés et a déjà conquis vaillamment la plupart de ses grades, aimable et empressé, dont la société nous a été particulièrement précieuse ; un autre ecclésiastique, demi-Français celui-là, un jeune abbé belge, venu également pour compléter ses études, et que Louis eut pour voisin de table ; un monsieur âgé appelé en Italie pour y suivre devant les tribunaux du pays d'importantes affaires litigieuses ; un des docteurs les plus distingués de Paris, M. F*** , médecin en chef de l'hospice L..., qui était venu à Rome passer un congé de quinze jours avec sa femme et deux jeunes enfants, galant homme avec lequel je me suis senti bien vite en parfaite communauté d'idées et d'habitudes ; plusieurs hôtes clients de la maison, une famille allemande entre autres, la sœur et les deux frères, dont l'un prélat de la suite du Saint-Père, tous trois protestants convertis ; et enfin des allants et venants. De temps en temps, le soir, on faisait de la musique : Mgr X*** se mettait au piano où il est de première force, un véritable artiste ; un jour un autre prêtre, un Français, chargé, je crois, auprès de la Curie romaine des intérêts de l'un de nos diocèses du Midi, chanta une romance dont certaines paroles, je l'avoue, détonnaient un peu à mes oreilles, dans une bouche ecclésiastique, et à d'autres aussi, paraît-il, puisque huit jours après, il quittait Rome, sur l'ordre du cardinal-vicaire. Louis, toujours disposé à faire ce que l'on veut, jouait avec les enfants de l'honorable docteur F***; moi, les journaux lus, je causais avec M. le chanoine de B***, ou bien, s'il était occupé à lire son bréviaire, je régularisais ma comptabilité, peu compliquée à Rome, quelques dépenses insignifiantes à inscrire chaque jour; seule, pendant un moment, la présence de trois Italiennes, faiseuses d'embarras, apporta un léger trouble au calme de nos soirées; et ainsi s'écoulèrent rapidement, dans une vie qui était presque celle de la famille, les dix jours que nous avons passés dans la Ville Éternelle.

Rome. — Le quartier des Étrangers. Les collines de l'Est.

Ce que vous attendez de moi, lecteurs amis, je le suppose bien, ce n'est ni la description de Rome ni une suite de notices sur ses monuments, ne fût-ce que les principaux. Non, il faudrait pour cela des volumes : or, pressé à la fois par la fin des vacances, qui approche, et par le cadre plus que rempli déjà de ce livre, vous saurez bientôt comment, je n'ai à vous offrir que des feuillets. Je vous dirai donc seulement la physionomie

générale de l'une, et, parmi les autres, l'indication sommaire de ceux qui m'ont paru les plus impossibles à
négliger, choix délicat dans une ville où, sans compter
les palais et le reste, il n'y a pas moins de 200 églises,
dont une cinquantaine sont des paroisses : pour les détails, le Guide Bœdeker est là, et je ne veux ni copier
ni même analyser les trois cents pages qu'il consacre à
Rome et ses environs.

La plaine ondulée et volcanique, où s'élève la capitale du monde chrétien, se développe sur une longueur
de 135 kilomètres et une largeur de 40, entre la chaîne
des Apennins auxquels se rattachent le Soracte, les
montagnes de la Sabine et les monts Allains, d'un côté,
et de l'autre, la mer, où le Tibre va se jeter, 25 kilomètres plus loin, et après un cours total de 375 kilomètres ; le fleuve aux eaux toujours troubles décrit
dans la ville trois courbes avant d'en ressortir ; en temps
ordinaire, sa largeur est de 60 mètres, sa profondeur
de 6 à 7, mais il est sujet à de fortes crues et il monte
alors à 10 mètres et davantage : la navigation aujour-
d'hui en est insignifiante. Sur la rive droite s'étend la
partie la moins ancienne et la moins considérable de
Rome, le *Borgo* et le *Trastevere*, sur les flancs et au
pied des monts Vatican et Janicule ; le surplus de la
ville proprement dite, la vieille ville, est assis sur la
rive gauche, soit dans la plaine au bord du fleuve, l'ancien champ de mars, soit sur les collines qui sont à
l'entour, mais surtout dans la plaine, tandis que les
fameuses collines où s'élevait la Rome antique ont été
dans la suite en partie inhabitées. Au nombre de huit,
elles ne sont pas d'ailleurs très élevées, et leur altitude
varie de 42 à 46 mètres (le *Quirinal* et l'*Aventin*), en-

suite de 50, 51 et 54 (le *Capitole*, le *Pincio*, le *Vimi-nal*, le *Célius* et le *Palatin*), à 75, l'*Esquilin*. La majeure partie du terrain immense compris dans l'enceinte, et qui renfermait sous l'Empire une population de un million et demi à deux millions d'habitants, est actuellement déserte; sur le Palatin, l'Aventin, le *Célius*, ainsi que tout le long de la ligne des murailles, il n'y a guère au lieu de rues populeuses que des jardins et des vignes, et c'est seulement de nos jours qu'on a recommencé à bâtir sur l'*Esquilin*; il est vrai qu'il y aura là bientôt, comme déjà sur le Quirinal, un quartier grandiose; mais qu'importe? ce n'est pas pour voir des édifices du XIXe siècle, fussent-ils des palais, qu'on va sur les rives du Tibre : autant rester alors sur les bords de la Seine. Cette partie est, ainsi que celle qui avoisine le *Pincio*, a une physionomie moderne et attire surtout les visiteurs; la partie ouest, le long du Tibre, se distingue par des rues sales et étroites, qui, au surplus, même ailleurs, ne sont pas rares à Rome, et elle est le centre du petit commerce. Le mur d'enceinte construit en briques a de 22 à 23 kilomètres de longueur et près de 17 mètres de haut à l'extérieur; commencé par Aurélien, achevé par Probus, et restauré par Honorius, Théodoric, Bélisaire, Narsès et différents papes, il date en majeure partie des années 211 à 276, et il est percé de douze portes. Rome a, en outre, payé son tribut à l'épidémie de forts détachés qui sévit depuis quelques années aux alentours de presque toutes les capitales de l'Europe; et une ceinture de ces postes avancés lui forme un périmètre de près de douze lieues.

La population, lors du recensement du 1er décembre 1881, était de 300,647 habitants; elle ne montait qu'à 216,000 à la fin de la domination papale; l'avènement du nouveau régime a donc amené une immigration considérable qui dure encore aujourd'hui. Les couvents, fort nombreux à Rome, ont été supprimés en principe; mais une certaine quantité continuent de subsister, comme étant le domaine de différentes contrées de l'univers catholique ou placés sous leur protection, en vertu de conventions internationales, qui ont empêché le gouvernement d'y porter la main, et il en est de même de plusieurs palais et églises; chaque rite oriental-uni, en particulier, possède à Rome son séminaire, ce qui explique, soit dit en passant, la quantité de jeunes gens qu'on rencontre dans les rues revêtus d'habits ecclésiastiques, noirs, rouges, gris, bleus, violets, que sais-je encore? de toutes les couleurs de l'arc-en-ciel, *et quibusdam aliis;* un jour même, nous avons vu d'affreux petits bonshommes, de six à huit ans, en habits et chapeaux à haute forme ; chez nous, ces costumes étranges soulèveraient une surprise générale, peut-être même quelque chose de pis ; là-bas on y est tellement habitué qu'on n'y fait pas attention. Si donc, géographiquement et même aujourd'hui administrativement, Rome appartient à l'Italie et est même devenue sa capitale, on peut affirmer que presque tous les pays du monde en sont en quelque sorte copropriétaires indivis avec elle, et, assurément, je le dis sans amertume, uniquement pour rendre hommage à ce que je crois être la réalité des choses, partout ailleurs le royaume d'Italie serait davantage maître chez lui, et son autorité plus intacte : je dirai plus loin ce qui en est de la situation personnelle du roi.

Bœdeker, dans son *Guide,* partage, pour la décrire,

Rome en cinq sections principales, dont, sous bien des rapports, chacune a par ses monuments un cachet particulier : cette division m'a paru fort rationnelle, je m'en vais donc la suivre. Ce qu'il qualifie de quartier des Étrangers est la Rome moderne, le centre de la ville actuelle et en même temps la partie la plus saine ; la fièvre ici est rare, mais il n'en est pas ainsi partout : aussi faut-il prendre les plus grandes précautions, éviter surtout les refroidissements ; une heure avant le coucher du soleil, la température s'abaisse sensiblement, et principalement alors, on doit avoir soin de se couvrir davantage ; les lieux élevés sont les plus dangereux, le *Pincio*, par exemple, dont je parlerai tout à l'heure, bien que situé dans l'endroit le moins insalubre : c'est là que, paraît-il, Victor-Emmanuel a été atteint du mal auquel il a succombé. La Porte du Peuple, au nord, était celle par laquelle entraient la plupart des visiteurs de la Ville Éternelle, avant l'ouverture du chemin de fer ; son nom lui vient d'une église voisine, Sainte-Marie-du-Peuple, bâtie, dit-on, en 1099 par Pascal II à la place des tombeaux des Domitiens, où reposaient les cendres de Néron, et que décorent de nombreuses œuvres d'art et de belles sépultures du XVᵉ siècle. A la sortie est la villa Borghèse, dont les beaux et grands jardins sont ouverts au public et même aux voitures à certains jours, et ils sont avec raison très fréquentés par les promeneurs ; le Casino renfermait autrefois une des collections particulières les plus riches qui existassent, laquelle fut achetée par Napoléon Iᵉʳ et transférée au Louvre ; néanmoins, un Musée y a été reconstitué et comprend plusieurs objets de premier ordre.

Du côté de la ville, la place du Peuple, *Piazza del Popolo*, est décorée de quatre lionnes qui lancent des jets d'eau, et d'un monolythe de 24 mètres de hauteur, 36ᵐ 40 pour le monument tout entier, un obélisque surmonté d'une croix qui, apporté d'Héliopolis après la défaite d'Antoine, par les ordres d'Auguste, fut transféré ici par Sixte-Quint en 1589. De là, à l'est, des rampes montent au *Pincio, la collis hortorum* des Anciens, ainsi appelé du nom du palais qu'y possédait la famille des *Pincii ;* on y admirait jadis les fameux jardins de Lucullus : c'est aujourd'hui une magnifique promenade créée sous Napoléon Iᵉʳ ; la société romaine se rend en foule au *Pincio* vers le soir, de riches équipages se croisent dans les allées, que décorent des bustes d'Italiens célèbres, et la musique militaire se fait entendre alors, mais sauf, paraît-il, quand la pluie menace tant soit peu ; nous l'avons éprouvé par deux fois à nos dépens. De cette hauteur, on pénètre dans les jardins, toujours accessibles au public, de la villa Médicis, siège depuis 1801 de l'Académie française de peinture, fondée à Rome par Louis XIV ; et plus loin on arrive à l'église, la Trinité-du-Mont, construite en 1495 par Charles de France et restaurée en 1816 aux frais de Louis XVIII, après avoir été dévastée à l'époque de la Révolution française ; c'est dire que ce monument appartient à notre pays : les Dames du Sacré-Cœur ont à côté un pensionnat ; par-devant, sur une place du même nom, est un deuxième obélisque.

Au bas de cette église de *S. S. Trinita del Monti*, on descend par un escalier de 125 marches à la place d'Espagne, *Piazza di Spagna*, le centre du quartier des Étrangers, entourée de magasins et d'hôtels élé-

gants, dans le prolongement de laquelle, au sud, la colonne de l'*Immacolata* a été érigée par Pie IX en
mémoire de la proclamation du dogme de l'Immaculée-
Conception ; là est aussi le palais de l'ambassade d'Espagne, ainsi que la Propagande, *Collegio di Propa-
ganda fide*, pour la formation des missionnaires catholiques, et aboutit une belle rue, venant du *Corso*, la *via
de' Condotti*. Dans ce même quartier, s'élève enfin une
église, Saint-André *delle Fratte*, édifice d'un mérite
médiocre, mais qu'a rendu célèbre la conversion du
Père Ratisbonne, et où avaient lieu, lors de notre séjour, ce qu'on appelle à Rome les Quarante-Heures, les
Exercices de l'Adoration perpétuelle chez nous. Là coule
aussi la fontaine de *Trévi*, la plus magnifique de Rome,
produite par l'aqueduc antique d'*Aqua-Virgo*, aujour-
d'hui l'*Acqua Vergine*, qui débouche en cet endroit,
fournissant journellement 155,271 mètres cubes d'une
eau excellente. Un dicton populaire veut que quand on
a pris de cette eau, on soit dévoré d'un désir inextin-
guible de revenir à Rome ; je n'en ai pas bu, mais je
ne souhaite pas moins ardemment de revoir la fontaine
de *Trévi*.

Si maintenant nous revenons de la place d'Espagne
à la *Piazza del Popolo*, par la *via « del Babuino »* qui
les fait communiquer, nous remarquons qu'outre cette
rue à gauche, deux autres conduisent de là vers l'intérieur de la ville ; la *via di Ripetta* est à droite, et nous
la retrouverons plus tard. Sur un kilomètre et demi
de longueur, au milieu, de la place du Peuple à la
place de Venise, s'étend le *Corso*, l'ancienne voie *Fla-
minienne* qui partait du Capitole. C'est maintenant la
rue principale de Rome, bordée de magasins, et ani-

mée, surtout vers le soir, par une foule de promeneurs
et d'équipages, beaucoup trop animée même, si l'on
considère que cette étroite chaussée ne permet qu'à
deux voitures de passer en même temps, et ne laisse
aux piétons qu'un espace insuffisant pour la circulation qui s'y produit, de telle sorte qu'en descendant des
trottoirs, ils risquent d'être écrasés, et que de leur côté,
les brillants attelages ne peuvent que former deux longues files, chacun tenant sa gauche, à l'inverse de ce
qui a lieu chez nous, en vertu du réglement italien :
tenere la sinistra. Devant un café, notamment en
face de la place *Colonna*, rendez-vous des officiers
italiens, il y a toujours un encombrement incroyable;
c'était notre chemin pour rentrer dîner, et j'aurais bien
voulu pouvoir en suivre un autre et faire comme les
omnibus de la place de Venise à la place du Peuple,
qui, une fois trois heures sonnées, prennent au lieu
du *Corso* par la *Piazza di Spagna*. Cette rue fameuse
m'a donc semblé plutôt au-dessous qu'au niveau de sa
réputation. Mais quels types admirables de dames romaines nous avons vus chez ces descendantes des ma-
trones d'autrefois, qui vont là se montrer, nonchalam-
ment étendues dans leurs riches landaus, que traînent
des chevaux magnifiques : on semble, du reste, dé-
ployer en toutes choses, sur les bords du Tibre, un
luxe princier. Les hôtels des particuliers sont montés
sur un très grand pied, et à la porte de ces maisons se
tiennent des Suisses dans une tenne qu'il n'y a nulle
part ailleurs. Puisque nous en sommes au *Corso*, je
citerai, entre autres, comme exemples de ceci, deux
palais grandioses qu'on y trouve, chacun avec une galerie précieuse, visible à certains jours : les *Palazzi*

Doria, ancien palais *Pamphili*, l'un des plus somptueux, ayant trois façades, et *Colonna*, celui-ci en
grande partie loué à l'ambassade de France près le
Saint-Siège.

Le *Corso* est coupé par une foule de rues et de
ruelles, conduisant, à droite, aux vieux quartiers des
bords du Tibre, et à gauche aux collines ; une de
celles-ci est notre *via di Mercede*, qui aboutit à une
église, Saint-Sylvestre, dite *in Capite*, à raison de la
tête de saint Jean-Baptiste qu'on y conserve depuis le
XIIIᶜ siècle, et à l'hôtel des Postes et Télégraphes,
construction récente et intelligemment appropriée à sa
destination ; près de là est aussi le Ministère des Travaux publics. Plus loin, une autre rue mène à la place
et à l'église des Saints-Apôtres. De l'autre côté, à
droite, s'ouvrent sur le *Corso* trois places ; sur l'une,
du nom de Saint-Charles, est *San Carlo al Corso*,
l'église nationale des Lombards, rendez-vous du monde
élégant, avec une façade de mauvais goût ; la suivante
est la *Piazza San Lorenzo in Lucina*, et celle-ci,
je n'en parle que comme tête de ligne d'un service
d'omnibus allant à Saint-Pierre, qui nous a été fort
utile ; la troisième est la belle place *Colonna*, et au milieu de cette dernière se dresse la colonne de Marc-
Aurèle, ornée de bas-reliefs, de 29ᵐ 60 de hauteur, et
composée de vingt-huit morceaux ; au sommet, où arrive un escalier, se trouve la statue de l'apôtre saint
Paul.

A cette *Piazza Colonna* en touche une autre, la
place du *Mont-Citorio*, que décore un obélisque, apporté à Rome par Auguste, comme celui de la place du
Peuple, et qui servait d'aiguille à un cadran solaire ; et

à droite est la Chambre des Députés, grand édifice qui
fut auparavant le bureau de la police papale. Dans le
voisinage est encore le Collège-Romain, jadis propriété
des Jésuites, qui y donnaient un enseignement célèbre
et très suivi, vaste bibliothèque aujourd'hui, contenant 450,000 volumes et plusieurs milliers de manuscrits. Ensuite le *Corso* se termine à la place de Venise,
bordée de palais dont les plus luxueux sont ceux de
Venise et *Torlonia :* et de là, se tournant le dos, partent deux longues voies, dont l'une, la *via Nazionale*,
se dirige vers la gare, tandis que du côté opposé, l'autre
via del Plebiscito, va aboutir au *Gesu*, l'église principale des Jésuites, une des plus riches et des plus magnifiques de Rome. Sur la petite place qu'il y a devant,
nous sommes allés un jour agiter la cloche d'un des
palais qui s'y trouvent, afin de rendre visite à M. l'abbé
de B***, notre excellent commensal de la pension Lavigne, qui en occupe une partie de l'étage supérieur,
ultimo piano, mais nous avons eu le regret de ne pas
le rencontrer chez lui.

Au levant de ce premier quartier, un deuxième comprend la partie orientale de Rome, qui s'étend sur les
trois collines oblongues et parallèles du Quirinal, du
Viminal et de l'Esquilin, celle-ci peu habitée encore,
mais qui le devient de plus en plus; déjà cependant on
y trouve de somptueuses habitations, dont deux sont
surtout remarquables, la villa *Ludovici* et la villa *Al-
bani*. Une longue et belle rue, la *via Sistina*, qui plus
loin s'appelle la *via delle quattre Fontane*, conduit ici
d'abord à la place et au palais *Barberini* et à la fontaine du Triton, œuvre du Bernin : un triton sonnant

de la conque, puis à l'église des *Cappuccini*, célèbre
par son *ossuaire*, quatre chapelles affreusement ornées
des ossements d'environ 4,000 capucins, et dans chacune desquelles est un tombeau avec de la terre de Jérusalem ; de sorte que quand on veut y enterrer quelqu'un, on en retire le plus ancien des squelettes qui s'y
trouvent, et qui servent à garnir les murs.

Continuant alors de marcher, on arrive à la place du
Quirinal, anciennement place du *Monte-Cavallo*, du
nom des deux dompteurs de chevaux qui avec un obélisque en forment la décoration, magnifiques groupes
antiques en marbre, de proportions colossales, qui
ornaient jadis l'entrée des Thermes de Dioclétien ;
cependant les inscriptions des piédestaux, *opus Phidiæ*
et *opus Praxitelis*, sont apocryphes, et ces figures ne
remontent qu'à l'Empire. C'est là, comme on sait, qu'à
côté de l'ancienne *Consulta*, où s'administraient autrefois pour leurs intérêts intérieurs les États de l'Église,
aujourd'hui le Ministère des Affaires Étrangères, est le
Palais Royal, qu'habite le roi d'Italie ; mais quel contraste entre la solitude d'ici et l'animation qui règne aux
alentours du Vatican, que du Quirinal on découvre à
l'arrière-plan, par delà la ville qui s'étend entre les
deux ! Celui qui trône sur ces hauteurs a beau faire, la
présence de son redoutable voisin l'écrase, autant on
s'occupe de celui-ci, de ses moindres indispositions,
des audiences qu'il donne ou ne donne pas ; autant on
se montre indifférent à tout ce qui concerne celui-là, et
le véritable souverain de Rome n'est pas le monarque
puissant et respecté au dehors qui règne sur la Pénin-
sule, mais le vieillard désarmé dont il a pris la place
Encore une fois je ne fais pas de politique quand je di

ces choses, mais une simple constatation de ce que j'ai
vu, et peut voir comme moi quiconque à Rome ne
ferme pas systématiquement les yeux à l'évidence.

Sainte-Marie-Majeure, où des abords du Quirinal
aboutit la *via delle quatre Fontane,* est la plus grande,
de là son nom, et en même temps la plus ancienne
des quatre-vingts églises de Rome sous le vocable de la
Vierge, peut-être même la plus ancienne de toute la
chrétienté ; c'est aussi une des cinq basiliques majeu-
res ou églises patriarchales, et elle a une porte jubilaire; les quatre autres, puisque mon sujet m'amène à
ce détail, sont : Saint-Pierre, Saint-Jean-de-Latran,
Saint-Paul et Saint-Laurent ; deux autres après elles
sont encore l'objet d'une vénération particulière : Sainte-
Croix-de-Jérusalem et Saint-Sébastien, au-dessus des
catacombes de la voie *Appienne;* et ce sont les sept
églises de Rome que devaient visiter les pèlerins. La
façade de *Santa Maria Maggiore* présente un portique
surmonté d'une loge et ayant cinq arcades auxquelles
correspondent trois ouvertures donnant entrée dans
l'église, plus une murée à gauche, la porte sainte, et
une fausse porte à droite. L'intérieur a conservé jusqu'à nos jours l'aspect de la vieille basilique de Sixte III
qu'a remplacée le monument actuel ; il est à trois nefs,
de 85 mètres de longueur sur 18 de largeur, quarante-
deux colonnes, dont trente-huit en marbre et quatre
en granit, servent d'appui à l'architrave ; au-dessus de
l'autel, quatre autres colonnes de porphyre soutiennent
un baldaquin : et l'ensemble offre un coup d'œil bril-
ant et majestueux.

Vingt minutes plus loin, près de l'enceinte, est une
les églises que je viens de nommer, Sainte-Croix-de-

Jérusalem, construite, dit-on, par sainte Hélène en l'honneur de la Croix du Sauveur ; aussi y conserve-t-on des reliques précieuses de la Passion, dont un fragment important de l'inscription de la croix, une croix entière qui serait celle du bon larron, un des clous, deux épines de la couronne. Deux autres sanctuaires sont encore dans le voisinage, et dans l'un d'eux, Saint-Pierre-aux-Liens, on va voir le tombeau de Jules II, par Michel-Ange, et surtout ce qui en est le principal ornement, le fameux Moïse, la figure colossale et singulièrement agrémentée de cornes du législateur des Hébreux, irrité de leur idolâtrie et sur le point de se lever de son siège ; sur un des genoux de la statue est le trait qu'y fit le ciseau du sculpteur en tombant là, jeté par le grand artiste mécontent de son œuvre ; et non sans motif, car c'est là un ouvrage qui brille plus par l'originalité que par un vrai mérite, à raison de ses proportions inadmissibles : néanmoins l'effet qu'il produit est imposant. L'autre église est Sainte-Praxède, et dans une chapelle latérale où les femmes ne peuvent entrer que les dimanches de Carême, on y vénère la colonne à laquelle Notre-Seigneur fut attaché pour être flagellé.

A la description de cette partie de Rome se rattachent encore deux excursions que nous avons faites hors les murs, *fuori le mura*, à deux églises intéressantes ; on va gagner la première, Sainte-Agnès, par une voie toute neuve et à peine encore bâtie, la *via Venti Settembre* ; on passe alors devant une immense construction qui domine tout le quartier, le Ministère des Finances, on atteint la *Porta Pia* par laquelle, le 20 septembre 1870, les Italiens, ayant fait une brèche

à côté, dans le mur d'enceinte, pénétrèrent dans la
ville, fait d'armes dont une plaque rappelle ici la mémoire, et au delà l'ancienne voie *Nomentane*, que
bordent des jardins et des maisons de plaisance. Vingt-
cinq minutes plus loin, on arrive à Sainte-Agnès, qui
est moins une église qu'une crypte, à l'atmosphère
froide et humide, puisqu'on y descend par un escalier
qui n'a pas moins de quarante-cinq degrés en marbre,
revêtu d'inscriptions chrétiennes tirées des sépultures
voisines; car avec le cachet particulier que ce sanctuaire emprunte à son assiette souterraine, ce qu'on y
vient surtout chercher, c'est l'entrée de catacombes peu
étendues; sans peintures, mais encore en grande partie
dans leur état primitif. Elles appartiennent cependant
au premier siècle de l'ère chrétienne; néanmoins beaucoup de cases funéraires sont toujours intactes, encore
fermées par leur revêtement de marbre ou de terre
cuite, et dans plusieurs autres les ossements sont restés
tels qu'ils ont été déposés et présentent la forme de
squelettes complets. Nous les avons donc vues avec intérêt, sous la conduite d'un des chanoines qui desservent Sainte-Agnès, un grand et solide gaillard, dont la
société ne nous aurait nullement flattés, s'il n'avait
porté un costume religieux, dans un endroit surtout
aussi *souteux*, comme nous disons à Orléans, que l'est
une nécropole souterraine.

La basilique *extra muros* que nous avons encore
visitée de ce côté est *San Lorenzo*; et elle a été sou-
mise sous Pie IX à une restauration complète : aussi
contient-elle le tombeau de ce grand Pontife, fort
simple, conformément à sa volonté expresse : un sarcophage de marbre, dans une niche peinte, avec une

grille de fer comme entourage : et l'on s'agenouille avec
respect devant cette humble sépulture d'un Pape qui
pendant de si longues années a rempli l'univers de
l'éclat de son nom, et dont le règne a été marqué par
des événements si graves. A côté de l'église, s'étend un
vaste *Campo santo*, qu'on a considérablement agrandi
en 1854, et dans lequel sont quelques beaux et grands
monuments, un entre autres érigé en souvenir de la
bataille de *Mentana*.

Rome (*suite*). — **Quartiers près du Tibre, rive
gauche.** — **Le Capitole.** — **Saint-Jean-de-Latran.**

Un troisième quartier de Rome se développe le long
du Tibre, sur la rive gauche, et il peut se diviser lui-
même en deux parties, dont une, la plus au nord, est
plus riche en monuments que l'autre, et surtout occupée par des habitants qui appartiennent à des classes
plus élevées de la population romaine. On y vient de la
piazza del Popolo par la *via di Ripetta* que j'ai déjà
nommée, et par une autre qui en est le prolongement,
la *via della Scrofa* ; et voici alors ce qu'on découvre :
d'abord, assez difficile à trouver au milieu d'un groupe
de maisons, le mausolée d'Auguste, tombeau que cet
empereur fit bâtir pour lui et sa famille, et où la plupart de ses successeurs furent déposés jusqu'à *Nerva* ;
puis sur la place du même nom, le fameux palais Borghèse avec sa galerie, qui est l'une des premières de

Rome avec le Vatican, douze salles où beaucoup de tableaux sont des toiles de premier ordre. Dans une des dépendances du Palais est aussi installée, aux frais de la princesse, pour donner l'instruction à de nombreuses jeunes filles, une maison des Sœurs de Saint-André-de-la-Croix, les mêmes qui dirigent à Orléans, avec tant de dévouement, l'établissement de la Grande-Providence : aussi Mme la Supérieure de notre ville m'avait-elle chargé pour sa consœur de la place Borghèse d'une lettre, qui nous a valu de la part de celle-ci un accueil empressé.

Vient alors Saint-Augustin, qui, construite en 1483 aux frais du cardinal d'Estouteville, fut la première église de Rome à coupole ; et c'est ensuite sur une place qu'arrose une grande fontaine, *Santa Maria Rotonda*, le Panthéon, seul édifice antique qui soit entièrement conservé, c'est-à-dire le seul dont les murs et les voûtes existent intacts, tandis que les statues et autres ornements d'architecture ont disparu ; néanmoins cette imposante rotonde, uniquement éclairée par le haut, et sa puissante colonnade, offrent un aspect des plus merveilleux ; mais, chose assez bizarre, au centre de la coupole, il y a une ouverture, et la pluie tombe sur le pavé du temple, d'où elle s'échappe par des sortes de puisards dans des fossés pratiqués tout autour, et dans lesquels, lors des crues, pénètrent aussi les eaux du Tibre. A droite du maître-autel est le caveau où repose le roi Victor-Emmanuel ; et à gauche, à côté du troisième autel, le tombeau de Raphaël.

A quelques pas du Panthéon sont deux autres églises : d'un côté, Sainte-Marie-de-la-Minerve (*S. Maria sopra Minerva*), est la seule gothique qu'il y ait à Rome, construite sur les ruines d'un temple de Minerve, divisée en trois nefs, et qui renferme des œuvres d'art de premier rang, que l'obscurité empêche souvent de voir convenablement, notamment, devant le maître-autel, à gauche, Jésus avec sa Croix, de Michel-Ange, malencontreusement défiguré par une draperie de bronze, et dont on a dû garnir le pied d'une chaussure de ce même métal, pour qu'il ne fût point usé par les baisers des fidèles ; mais il est assez malaisé de pénétrer à la Minerve, car, non seulement comme tous les sanctuaires ici, elle est fermée à midi pour la sieste, qui, nous disait spirituellement M. l'abbé de B***, est à Rome un huitième sacrement, et ne se rouvre que le soir, deux ou trois heures avant ce qu'on appelle là-bas l'*Ave Maria, l'Angelus ;* mais encore il fallait qu'alors la montre du gardien (*custode*) fût toujours en retard, puisque les portes de son église restaient closes, tandis qu'on pouvait entrer partout ailleurs : sur la place à droite est le vaste hôtel de la Minerve, avec ses dépendances.

De l'autre côté du Panthéon, sur une place petite, mais très animée, où débouche la *via della Scrofa,* est Saint-Louis-des-Français (*S. Luigi de' Francesi*), consacrée en 1589, et l'une des meilleures de cette époque, ayant une façade imposante, d'un style harmonieux et non surchargé, à l'intérieur comme au dehors, et décorée de tableaux dont plusieurs ont une certaine valeur. Mais, surtout, elle avait pour nous ce mérite incomparable, d'être notre église nationale, et nous avons tenu à y assister, les deux dimanches de notre séjour à Rome, à la grand'messe, où nous avons retrouvé nos chants liturgiques, nos cérémonies, notre

prononciation du latin, tout, jusqu'au *Domine, salvam
fac Rempublicam,* que nous n'avons pas entendu sans
émotion sur cette terre étrangère : tout nous y rappe-
lait la France ; pendant une heure nous nous sommes
crus chez nous, et nous y étions en un sens. Le clergé
de Saint-Louis se compose d'une communauté qu'entretient à Rome notre gouvernement, pour contribuer
à y maintenir notre légitime influence, et dont tous les
membres sont ainsi Français.

Nous avions même pour l'un d'eux, M. l'abbé V***,
de la part d'un homme excellent de notre famille, que
la maladie retient tristement dans sa chambre et souvent dans son lit, une lettre à l'adresse de cet honorable ecclésiastique, son ancien camarade de promotion
à Saint-Cyr, duquel depuis, on le voit, la vocation a
bien changé, quoiqu'il soit encore aujourd'hui dans les
rangs d'une milice ; le premier dimanche, à l'issue
de la messe, nous nous sommes présentés devant lui.
Or, j'avais oublié ma recommandation à l'hôtel, et, me
prenant sans doute pour une de ces personnes qui ne se
font pas faute, pour se ménager des relations, d'invo-
quer tel ou tel patronage, M. l'abbé V*** nous fit, il
me sembla du moins, un accueil assez réservé ; mais
nous retournâmes lui porter la lettre, sans le trouver
toutefois, et alors, ou plutôt quelques jours après, de
retour d'une absence qui l'avait éloigné de Rome, il
nous rendit notre visite, sans nous rencontrer davantage ; puis, le dimanche suivant, il nous reçut de son
mieux, nous offrit ses services, que nous ne pûmes accepter, partant le lendemain, et nous chargea pour son
ami de sa photographie.

Et, puisque je suis sur le terrain ecclésiastique, qu'il

me soit permis ici, à propos de Saint-Louis-des-Français, et malgré mon intention bien arrêtée d'éviter toute polémique, de détruire une inexactitude assez répandue : souvent, j'ai entendu dire qu'il n'y a jamais de grand'messe dans la capitale du monde chrétien, pas même le jour de Pâques, et de là des charges à fond de train contre les habitudes romaines. Non, cela n'est pas : on m'avait affirmé le contraire, et j'en ai eu personnellement la preuve ; je ne parle pas de notre église nationale, l'argument pourrait n'être pas concluant ; mais, les deux dimanches, en sortant de Saint-Louis, nous sommes entrés dans quelques autres, et dans toutes celles-là on célébrait la grand'messe, à laquelle assistaient un grand nombre de fidèles : les hommes, parmi les gens du peuple, debout, les femmes à genoux ou acroupies sur leurs talons, suivant l'usage en Italie. En est-il ainsi partout, dans les sanctuaires, par exemple, qui ne sont que des chapelles de couvents ? Je l'ignore, mais dans plusieurs paroisses, voilà ce que nous avons vu.

Au-delà du Panthéon, de Saint-Louis, et de la Minerve, commence la seconde moitié, la moins attrayante et surtout la plus misérable, du quartier dont il s'agit ; c'est aujourd'hui la partie de la ville la plus populeuse, et son caractère rappelle essentiellement le moyen âge, quantité de rues et de passages étroits et malpropres, mais des plus animés, des *vicoli*, où se mélangent les odeurs les plus désagréables, et circule une multitude affairée, pauvrement vêtue, et, de distance en distance, quelque artère plus large. Il est parfois difficile de s'orienter au milieu de ce dédale, dont la physionomie n'est rien moins qu'engageante, d'autant plus qu'alors

que partout ailleurs un Français, qui sait à peine quelques mots italiens n'a pas de peine à se tirer d'embarras, ici pas moyen pour lui de se faire mettre sur la
bonne voie : nous l'avons constaté à nos dépens, ayant
erré pendant une heure à travers un labyrinthe de
ruelles tortueuses, sans pouvoir en sortir, puisque
toujours nous revenions à notre point de départ ; et
c'est fâcheux, car certainement on trouverait là une
occasion excellente d'études de mœurs et d'habitudes,
et d'observations qui ne manqueraient pas d'un véritable intérêt. Mais de nouvelles rues doivent donner
prochainement à ce noyau central de Rome plus d'air
et de lumière, et on a déjà commencé cette utile trans-
formation par le percement d'une large rue qui m'a
semblé se diriger vers Saint-Pierre, et dont les travaux
n'ont pas peu contribué à nous égarer, en nous empêchant de nous reconnaitre sur le plan annexé à notre
Guide.

A côté cependant de la Place Navone, officiellement
Circo agonale, la plus grande de Rome, après celle de
Saint-Pierre, un vaste parallélogramme que décorent
trois fontaines monumentales, nous avons fini par découvrir, parmi les trois ou quatre églises qui sont là,
se touchant presque, comme il n'est pas rare d'en
trouver ici, celle que nous cherchions, Sainte-Marie-
de-la-Paix, pour y voir les Sibylles peintes par Raphaël,
à gauche celle de Cumes, sur l'arcade celle de Perse et
ensuite celles de Phrygie et de Tibur, recevant des
anges des révélations sur le Messie. Une autre petite
place, la *Piazza Montanara,* est le rendez-vous favori
des *Campanols,* ou gens de la campagne de Rome, que
nous y avons rencontrés réunis en grand nombre, un

dimanche, revêtus de leurs costumes pittoresques. Un
tramway, qui en part, conduit à Saint-Paul hors les
murs, dont nous parlerons plus loin. Là encore est le
Ghetto, quartier réservé aux Juifs par le pape Paul IV,
et qu'autrefois fermaient des portes ; plusieurs ponts
jetés sur les courbes que forme à cet endroit le Tibre
établissent les communications avec le *Trastevere*.
Enfin, et un peu perdu, si je puis ainsi dire, entre
toutes ces pierres informes brille un diamant précieux,
le palais Farnèse, commencé vers 1540 par le cardinal
Alexandre Farnèse, plus tard pape sous le nom de
Paul III, et continué après lui sous la direction de
Michel-Ange.

Le quatrième quartier de Rome, que j'ai maintenant
à aborder, comprend toute la partie de la ville située
sur la rive gauche du Tibre, dont il n'a pas encore été
question, c'est-à-dire la section méridionale, la moitié
environ à elle seule de l'étendue du périmètre de l'enceinte. Les ruines, jointes aux souvenirs des temps
classiques, qui le couvrent presque partout, donnent
une physionomie toute particulière à cet emplacement
principal de la capitale de la République et de l'Empire,
aujourd'hui presque entièrement désert ; on y trouve
également en grand nombre de vieilles églises, du
plus vif intérêt pour l'histoire de l'architecture chrétienne ; aussi, dans la mesure de notre compétence très
restreinte, en avons nous fait une étude assez complète.
Je vais citer immédiatement ceux des édifices religieux
que nous avons visités. C'est d'abord sur le Capitole
Sainte-Marie-d'Aracœli, qui remonte à une époque
très reculée ; vingt-deux colonnes antiques en supportent la nef, et le riche plafond en a été fait en sou-

venir de la bataille de Lépante; son nom lui vient de ce
qu'à l'endroit qu'elle occupe, l'empereur Auguste, dit
la légende, reçut de la Sibylle de Tibur la révélation de
la naissance du Christ, et eut une vision de la Vierge
et de l'Enfant-Jésus, en mémoire de quoi il y érigea un
autel avec cette inscription étrange : *Ara primogeniti
Dei.*

Au-dessous de l'*Aracœli* est creusée la prison Ma-
mertine, où Saint-Pierre fut enfermé et fit jaillir,
dit-on, une source pour baptiser son geôlier ; c'est une
des ruines les plus anciennes de Rome, et Jugurtha y
mourut, privé de nourriture pendant six jours, ainsi
que Vercingétorix et d'autres prisonniers de guerre
illustres. Près de là aussi, nous avons, un peu malgré
nous, visité une autre église, d'un intérêt médiocre,
Sainte-Martine et Saint-Luc, qui était fermée ; mais, sur
le perron, un religieux était en train d'en ouvrir la
porte à deux confrères ; et il nous fit des signes si insis-
tants que nous profitâmes de l'occasion. Dans le voisinage encore, nous avons fait le tour d'une autre, Saints-
Côme-et-Damien, bâtie sur la rotonde d'un temple
païen. Une quatrième est Saint-Clément, la basilique
de Rome la mieux conservée dans sa forme primitive,
bien autrement curieuse celle-là, depuis surtout que des
fouilles intelligemment dirigées ont mis à jour sous le
monument trois sortes de constructions différentes des
premiers temps du Christianisme, de l'Empire Romain
et de la République : la vieille basilique chrétienne,
l'église basse actuelle, est déjà mentionnée par Saint-
Jérôme, en 392, et un concile s'y tint en 417 ; l'église
haute est à trois nefs, sans transept.

A propos de l'*Aracœli* que je nommais tout à l'heure,

un détail me revient à l'idée : quand nous y sommes
entrés, il y avait dans l'église deux .... êtres ; dont l'un,
un des Franciscains du couvent d'à côté, ornait l'autel,
et son aspect n'avait rien d'engageant ; loin de là, ses
traits plus que vulgaires, sa robe couverte de taches, sa
barbe inculte, dont la dernière façon devait remonter à
quinze jours, lui donnaient un air repoussant ; c'était, à
la vérité, un frère lai, mais, si je puis me permettre ce
jeu de mots détestable, il portait bien son nom. L'autre
était un chat, et ce n'est pas le seul que nous ayons
trouvé à Rome en pareil lieu, de même que souvent
dans les gares il en est venu près de nous pendant que
nous mangions, de sorte que dans mon esprit et, même
dans mon estime, car j'aime la race féline, à côté des
chats de gouttière, qui y étaient déjà, sont maintenant
deux autres catégories de ces animaux, les chats de
buffet et les chats d'église, ceux-ci ayant probablement
pour mission, non pas de faire la chasse aux rats,
d'église aussi, qui ne sont pas rares non plus, dit-on,
dans la maison de Dieu, mais de leur tenir compagnie ;
plaisanterie bien innocente, n'est-ce pas, à laquelle je
me crois autorisé pour égayer un peu mon récit, et que
personne, j'en ai la confiance, ne prendra en mauvaise
part. Du reste il va falloir que tout ce monde déménage
pour céder la place à une caserne ; et les fils de Saint-
François du Capitole, qui aiment, paraît-il, à vivre au
grand air, et ce ne doit pas être sans besoin, si plusieurs sont conformes à l'échantillon que nous en avons
vu, se font bâtir un couvent tout neuf sur l'Esquilin.

De là, en suivant toujours une longue rue, qui vient
du Colisée, on arrive sur la grande, silencieuse et déserte place Saint-Jean-de-Latran que décore un obé-

lisque, le plus haut qui existe, trente-deux mètres, neuf de plus que celui de notre place de la Concorde, et quarante-sept mètres avec le piédestal ; un groupe imposant de monuments termine ici la grande cité d'une manière digne d'elle, la Basilique, le Baptistère, le Palais et le Musée de Latran : celui-ci avec ses immenses collections, Musée profane, réparti en seize salles, Musée chrétien, galerie de peinture ; le Palais, qui de par la loi de garantie du 13 mai 1871 partage avec le Vatican et le château de Castel Gandolfo la faveur et le privilège de l'*extraterritorialité ;* le Baptistère, chapelle octogone où Constantin le Grand passe pour avoir été baptisé, mais dont en réalité Sixte III paraît avoir été le fondateur ; la Basilique elle-même, *S. Giovanni in Laterano,* la principale église de Rome depuis Constantin, la mère et la première des églises, *omnium urbis et orbis ecclesiarum mater et caput,* un portique surmonté d'une loge, à l'intérieur cinq nefs et des chapelles, décorées d'une profusion de marbres et de dorures. Enfin, et comme pour compléter cet ensemble admirable, sur la place, un autre édifice renferme la *Scala Santa,* l'escalier du palais de Pilate à Jérusalem, que monta Notre-Seigneur, vingt-huit degrés de marbre, qu'apporta à Rome, en 320, l'impératrice Hélène ; il n'est permis de les gravir qu'à genoux, on les a recouverts de bois pour les ménager, deux escaliers sur les côtés servent pour redescendre, et toujours, le rosaire à la main, plusieurs fidèles, bien plus nombreux le vendredi, font avec recueillement cette pieuse station.

J'aurais à présent à achever l'étude de ce vaste quartier méridional de Rome par ce qui en occupe la ma-

jeure partie, la Rome antique (*Roma vetus*) ; mais c'est
un sujet tellement vaste que je suis forcé de le traiter
sommairement, en me bornant à énumérer les ruines
principales. L'ancien Capitole est à présent le *Campi-
doglio ;* près de là, dans un jardin, on montre ce qu'on
croit avoir été la Roche Tarpéienne, mais le terrain a
été tellement bouleversé que l'emplacement n'en est
rien moins que certain. On gravit la colline par trois
voies, à droite une belle rampe pour les voitures, à
gauche un escalier de cent vingt-quatre marches, et,
entre les deux, la montée principale en asphalte, au
pied de laquelle sont deux lions égyptiens, en haut les
dompteurs de chevaux ou *Dioscures*, et aux derniers
degrés, dans une cage, un loup et une louve, en souvenir de la tradition fabuleuse sur l'origine de Rome.
Le sommet est alors occupé par une place, au milieu
de laquelle est une superbe statue équestre de l'empereur Marc-Aurèle, en bronze et autrefois dorée, et dont
l'escalier du milieu forme un des côtés et les trois
autres sont des constructions imposantes. Au fond est
le palais Sénatorial, que surmonte un campanile avec
la statue de Rome, et qui sert aux séances du Conseil
municipal et aux bureaux de l'administration, rétabli
en 1639 sur l'antique *tabularium* ou salle des archives
de l'État, bâti lui-même en 78 avant Jésus-Christ, et
qui se composait d'une quintuple rangée de voûtes. Les
deux édifices latéraux sont des musées, à droite le
Palais des Conservateurs, c'est-à-dire du Conseil municipal, qui renferme d'importantes collections d'antiques, surtout des bronzes provenant des fouilles, un
petit musée étrusque et une galerie de peinture ; à
gauche le musée du Capitole, riche en sculptures, dont

je citerai seulement deux chefs-d'œuvre : *La Vénus du Capitole*, œuvre fameuse de la statuaire grecque, et le *Gladiateur mourant*, trouvé au XVIᵉ siècle, à Rome : un Gaulois assis, dont le sang coule de la poitrine sur son bouclier, et qui s'est évidemment donné la mort pour échapper à l'esclavage, car, auparavant, il a brisé le cor qui est sur le bouclier.

***

Rome (*suite*). — **Le Forum. — Le Palatin. — Saint-Paul hors les murs. — Les Trois-Fontaines. — La voie Appienne. — Les Catacombes.**

En arrière, et au bas du Capitole, vers le sud, s'étend un espace qui, dans le principe, était une vallée profonde et marécageuse, dans laquelle arrive encore le Tibre, dans ses crues un peu fortes ; un égout, attribué au cinquième roi, Tarquin-l'Ancien, la Cloaque-Maxime (*Cloaca Maxima*) le traverse, et emporte dans le fleuve les eaux des environs, sa voûte cintrée a résisté à des milliers d'années ; et éventrée à un endroit, elle laisse voir un torrent fangeux qui y coule vers la rivière. C'est le *Forum Romanum, Foro Romano*, aussi appelé *Campo Vaccino* ou Champ des Bestiaux, ayant été longtemps, avant d'être déblayé comme il l'est aujourd'hui, occupé par des attelages de bœufs des paysans de la campagne : ce n'est que depuis le commencement de ce siècle que des fouilles répétées en ont fait ce qu'il est à présent. Là se sont passés tous les grands événements de l'Histoire romaine : aussi,

sur un kilomètre de long, ne voit-on que des débris de
toutes sortes, dans ce vaste rectangle en contrebas du
surplus de l'espace, les décombres entassés tout autour
et qu'on y a laissés ayant sensiblement exhaussé le niveau du sol, et ce spectacle ne laisse pas que d'inspirer
une certaine mélancolie : si c'est là tout ce qui reste
de ce qui fut le peuple romain, que pourra-t-il, dans les
âges futurs, advenir des capitales de nos nations modernes, dont la puissance n'égale pas la sienne : il est
vrai qu'elle a péri par l'excès de sa propre grandeur, et
ce doit être là une des leçons qui se dégage de la vue
de tant de ruines ; et que serait-ce si, mêlant la note
gaie à ces graves considérations, je disais que le *Forum*
en est arrivé à ce comble d'ignominie, qu'il sert maintenant de gémonies, où l'on jette les chats du quartier
dont on veut se débarrasser ?

Par l'étude de l'emplacement qu'occupent les décombres et des données de l'histoire, on a reconstitué
les monuments qui peuplaient le *Forum* ; les voici, en
allant du nord-ouest au sud-est : le *Portique des douze
Dieux*, le *Temple de Saturne*, dont il y a encore
huit colonnes, celui de *Vespasien*, trois colonnes ; le
Temple de la Concorde, les *Rostres* ou *tribune aux
harangues*, construites par César, la *Colonne de Pho-
cas*, intacte ; la *basilique Julia*, de 101 mètres sur 49,
dont une triple rangée de soubassements de piliers
indique l'emplacement ; mais dix seulement de ces
tronçons subsistent, les autres ont été rétablis de nos
jours en partie avec les matériaux anciens, briques et
pierres de travertin, le *Temple de Castor et Pollux*,
le *Temple de César*, qui avait élevé là une nouvelle
tribune, de laquelle le 19 ou 20 mars 44, lors des fu-

nérailles du dictateur assassiné, Marc-Antoine prononça
sa fameuse harangue : un bûcher fut aussitôt impro-
visé, on brûla les restes de César, une colonne fut
érigée : *parenti patriæ*, et, plus tard, Auguste fit
bâtir en son honneur, le temple dont il s'agit ; enfin le
Temple de Faustine. Plus heureux que tous ces monuments, trois arcs de triomphe sont demeurés entiers ;
dans le *Forum*, celui de *Septime-Sévère ;* sous l'arcade sont toujours des vestiges de la voie sacrée, de petits cubes formant chaussée ; au-delà, à côté de l'église
de Sainte-Françoise-Romaine, celui de *Titus*, qui con-
sacra le souvenir de la défaite des Juifs, et, plus loin
encore, celui de *Constantin*, le mieux conservé des
arcs de Rome, construit en 311, après la victoire sur
Maxence.

A gauche se dressent les trois voûtes colossales de la
Basilique de Constantin, à trois nefs, avec des voûtes
d'une largeur extraordinaire, qui est aussi celle de la
grande nef de Saint-Pierre, ayant la forme d'un rectangle de 100 mètres sur 76 ; et, du sommet, on découvre un panorama superbe de la Rome antique. Il en
est de même des étages supérieurs du *Colosseum* ou
Colisée, auquel on arrive ensuite, nommé d'abord amphithéâtre de Flavien, fondé par Vespasien, à la place
d'un lac artificiel qui se trouvait au milieu des jardins
de Néron, achevé par Titus en 80, et alors inauguré
par des jeux qui durèrent 100 jours et coûtèrent la vie
à 5,000 bêtes fauves : il y eut aussi des représentations
de batailles navales. C'est le plus grand de tous les
théâtres, et il pouvait contenir 87,000 spectateurs ;
construit en blocs de travertin, avec des briques à l'intérieur, originairement reliés par des crampons de fer;

il présente une circonférence elliptique de 524 mètres sur 48ᵐ 50 de hauteur; en dehors, la partie la plus haute qui subsiste a quatre étages, les trois premiers consistant en des arcades, le dernier en un mur avec des fenêtres séparées par des pilastres; des statues étaient placées dans les arcades du premier et du deuxième étages. On distingue encore plusieurs rangs des gradins, et, l'arène ayant été déblayée, on a trouvé par-dessous des murs, des piliers et des cintres, destinés tant à la soutenir qu'à hisser les machines nécessaires aux représentations. Les deux tiers du Colisée n'existent plus; mais ce qui reste forme une masse énorme. Plus loin, pour en finir avec les ruines gigantesques, sont aussi celles d'un autre édifice aux vastes proportions, les *Thermes de Caligula*, ou d'*Antonin*, d'une somptuosité merveilleuse, et qui pouvaient contenir 1,600 baigneurs; mais la destination particulière des diverses salles dont ils se composaient n'est plus reconnaissable.

Dans la partie basse, au nord-est du *Forum* de la République, étaient situés les *Forums des Empereurs*, bien plus destinés à montrer la magnificence de leurs fondateurs qu'à faciliter des réunions publiques, ils · servaient surtout de tribunaux et le principal édifice était toujours un temple : le plus brillant de tous était le *forum de Trajan*, une agglomération de monuments luxueux, et là s'élève toujours la colonne Trajane, tout en marbre, de 43 mètres de hauteur : autour règne une spirale, qui forme un ruban de 2,000 mètres de long, composée de bas-reliefs qui représentent la guerre de Trajan contre les Daces : outre des animaux et des machines, 2,500 figures d'hommes. Trajan était enterré au pied, et sa statue, que remplace aujourd'hui celle de Saint-Pierre, en couronnait le sommet, auquel arrive un escalier de 184 marches, pratiqué dans l'intérieur de la colonne.

De l'autre côté du *Foro Romano*, au sud, le mont Palatin a été, dans ces derniers temps, l'objet de fouilles qui ont amené des découvertes du plus haut intérêt; moyennant une lire par personne, on est admis à visiter les résultats de ces travaux; nous l'avons fait un matin, sous la conduite d'un guide chargé de donner les explications convenables, et qui s'est acquitté de ce soin avec plus d'intelligence qu'on n'en trouve ordinairement chez les cicerones; cependant, chose rare et méritoire, il nous a presque fallu faire violence à ce brave homme pour qu'il acceptât un pourboire, et là, pendant deux heures, par un beau soleil qui semblait rendre la vie à ces vestiges imposants d'une civilisation disparue, nous avons été, en quelque sorte, dans une intimité étroite avec la Rome d'autrefois, vivant de sa vie, assistant à ses fêtes, nous asseyant à son foyer, puisque les ruines que nous foulions du pied ne sont pas seulement celles des palais de ses Empereurs, les constructions de Tibère et de Caligula, le palais de Septime-Sévère, celui des Flaviens, élevé par Vespasien, et dont son fils Domitien fit le siège de l'Empire, mais encore du *Pædagogium*, un établissement où étaient élevés les esclaves des Empereurs, ce qui rappelle, en même temps, l'éducation soignée que les grandes familles romaines faisaient donner à leurs domestiques; et même les restes d'une habitation particulière, découverte en 1869, et qui avait été respectée par les architectes des résidences impériales environnantes; on sup-

pose que là demeurait T. Claudius Néron, père de
Tibère, et se retira après la mort de son nouvel époux,
sa mère Livie qui avait fait rompre son premier mariage
pour en contracter un second avec Auguste.

La partie la plus méridionale de Rome, au delà de
celle dont je viens d'achever la description, est assez
malsaine, à raison de l'humidité du sol et du voisinage
d'un petit ruisseau aux eaux troubles, la *Marrana*,
d'où se dégagent des émanations insalubres : aussi est-
elle très peu habitée, et c'est surtout à travers des jardins qu'on va du Palatin gagner l'enceinte, par des voies
que nous avons suivies, lors de deux excursions dont il
me reste maintenant à parler, avant de passer de la
rive gauche à la rive droite du Tibre. La rue la plus à
droite aboutit à la Porte Saint-Paul et à la Pyramide
de Cestius, ainsi nommée de Caïus Cestius dont elle
recouvre le tombeau (12 ans avant Jésus-Christ). Les
Romains choisissaient souvent pour leurs sépultures la
forme de la Pyramide égyptienne ; en briques et re-
vêtue de marbre, celle-ci mesure 37 mètres de hauteur et 30 de côté à la base. Puis, après un pont de la
ligne de fer Civita-Vecchia, à gauche, une petite chapelle désigne l'endroit où saint Pierre et saint Paul se
firent leurs adieux en marchant à la mort.

A une demi-heure de la porte Saint-Paul est la basilique où nous allions d'abord, Saint-Paul hors les murs ;
un tramway y conduit ; mais comme il s'arrête
ici, tandis que nous continuions plus loin, et que surtout par le temps pluvieux qu'il faisait, la route est une
suite de fondrières, nous avions pris un fiacre. Édifiée
en 388, restaurée par plusieurs papes, *Santo Paolo
fuori le Mura* était la plus belle église de Rome, avant

un incendie qui la dévasta dans la nuit du 15 au
16 juillet 1823 ; la reconstruction fut alors entreprise ;
consacré par Pie IX en 1854, le nouvel édifice a le
plan et les dimensions de l'ancien : 120 mètres de long,
60 de large et 23 de haut à l'intérieur, cinq nefs, un
transept et 180 colonnes de granit du Simplon, supportant un luxueux plafond à caissons ; mais il en dif-
fère par sa brillante ornementation qui, au lieu d'une
basilique dans le genre simple et majestueux des premiers temps du Christianisme, en fait un somptueux
monument moderne ; toutefois il présente par ses dimensions un aspect imposant que rehausse encore la
richesse des matériaux employés, et à laquelle ont tenu
à contribuer les princes les plus étrangers à la foi catholique, car deux colonnes jaunâtres en albâtre d'O-
rient, près de l'entrée, et les quatre du baldaquin du
maître-autel sont un cadeau du vice-roi d'Égypte à
Grégoire XVI, et les bases en malachite ont été données par l'Empereur Nicolas de Russie : au-dessus des
colonnes du milieu et dans le transept on voit une
longue série des médaillons de tous les Papes, en mosaïque, de 1m 50 de haut.

A une certaine distance au delà de Saint-Paul, l'abbaye des Trois-Fontaines, *Santo Paolo alle tre Fontane*, doit son nom à trois sources qui seraient sorties
du sol à cet endroit, lors du supplice de saint Paul, dé-
capité ici, et dont la tête bondit alors trois fois ; sans
doute en mémoire de tout cela, le *Numerus Impar* est
particulièrement en honneur, et trois églises y ont été
élevées, dont une à la place où tomba le saint Apôtre et
jaillirent les trois fontaines, qui sont aussi renfermées
dans son enceinte. Mais très peuplée jadis, la Cam-

pagne de Rome est aujourd'hui un désert, dont une très petite fraction est cultivée, et que désole cruellement la *malaria :* spécialement, la contrée dont je parle est tellement insalubre, que pendant longtemps le monastère resta abandonné jusqu'en 1868, où il fut concédé à des Trappistes français, et ces hommes courageux ont déjà beaucoup fait pour l'amélioration du pays, bien tristement aux dépens de leur vie, puisque depuis dix-sept ans qu'ils en ont pris possession, ils en sont à la troisième génération, et deux seulement subsistent de ceux qui sont venus les premiers ; la fièvre atteint même les chats.

Nos pieux compatriotes labourent donc la terre, la couvrent de prairies, et surtout ils combattent le mauvais air par de grandes plantations d'*eucalyptus*, un arbre qui, croissant rapidement et ayant un épais feuillage, a la double propriété d'absorber par ses racines l'humidité du sol, et par ses larges feuilles les miasmes de l'atmosphère. Grâce à cela et à un régime hygiénique sévère, ils vivent tant bien que mal et même de mieux en mieux, à moins d'imprudence ; quand nous avons visité les *Tre Fontane,* deux seulement étaient à l'infirmerie. L'*eucalyptus* ne leur sert pas d'ailleurs uniquement de moyen d'assainissement, ils en tirent plusieurs produits, qu'ils exploitent, et qui sont des fébrifuges plus ou moins actifs ; un extrait dont il leur est enjoint par leur règle de s'administrer à eux-mêmes une dose chaque matin, et l'eucalyptine, une liqueur agréable, dont nous n'avons pas manqué de rapporter à Orléans un flacon.

Nous avons alors repris notre équipage ; mais au lieu de revenir par le même chemin, une fois à Saint-Paul,

il en a pris à droite un autre, faisant un angle aigu
avec la grande route, la *via delle Sette Chiese*, la voie
des Sept-Églises, et ainsi nous sommes arrivés sur la
Voie Appienne à Saint-Sébastien, où nous avions à voir
les catacombes de Saint-Calixte qui sont, avec la nécropole de Sainte-Agnès dont j'ai déjà parlé, celles à
l'étude desquelles on doit surtout s'attacher. L'entrée
est dans une vigne, près d'un oratoire, et moyennant
une *lire* par personne, la visite se fait sous la conduite
d'un *scavatore*; mais elle n'est pas longue, et au bout
d'une petite promenade dans les couloirs souterrains,
tous se ressemblant, quand on est comme nous des
voyageurs vulgaires, on ne tarde pas à remonter.

A la différence de presque tous les peuples qui brûlaient leurs morts, les Chrétiens adoptèrent l'usage de
les enterrer : ils ouvrirent donc dans les flancs des collines des environs de Rome des galeries, dans les parois desquelles ils creusaient les cavités destinées à
recevoir leurs restes et qui commencèrent par être des
sépultures de famille, les concessions de l'époque, qu'à
l'origine ils n'avaient aucune raison pour chercher à
dissimuler; ce n'est que lors des persécutions du
IIIe siècle qu'elles devinrent des refuges, et un grand
nombre de chrétiens y subirent le martyre; puis vint
Constantin, qui rendit la paix à l'Église et la sécurité
aux cimetières; et ensuite à la fin du IVe siècle, se
perdit l'habitude de déposer les morts dans les catacombes, et non seulement s'établit celle de les ense-
velir près des églises, mais encore, 400 ans plus tard,
on se mit à transférer dans les temples les corps des
martyrs. Les galeries étaient étroites, larges de 80 centimètres en moyenne, plus tard de 55 seulement, prati-

quées à travers les couches molles du tuf, et dans leurs parois on creusait des niches (*loculi*) de la longueur des corps qu'on voulait y placer, jusqu'à sept et plus au-dessus les uns des autres, puis on fermait l'ouverture au moyen de plaques de marbre ou de terre cuite, avec le nom du défunt et, s'il y avait lieu, l'épithète : *Martyr*. Successivement l'accroissement de la communauté chrétienne et les substitutions des cimetières communs aux sépultures de famille firent que les catacombes gagnèrent en étendue, les corridors funéraires se superposèrent jusqu'à atteindre cinq étages, et de nouveaux souterrains réunirent des cimetières auparavant séparés, de façon que ces vastes nécropoles arrivèrent à former un grand cercle autour de Rome et à occuper une superficie de 246 hectares, avec une longueur de galeries ensemble de 875 kilomètres, à plusieurs étages, dont le plus élevé est à 7 ou 8 mètres de la surface du sol, et le plus bas descend jusqu'à 22 mètres de profondeur. Des sépultures d'un autre genre sont les *colombaires*, destinés à recevoir un grand nombre d'urnes cinéraires; ils tiraient leur nom de la ressemblance de leurs niches avec celles des colombiers, et paraissent remonter au temps de l'Empire-Romain ; le plus grand ne renferme pas moins de 600 vases.

J'ai écrit le mot de Voie Appienne, *via Appia*, mais le temps nous manquait ce jour-là pour visiter d'une manière complète cette route militaire fameuse, le long de laquelle, comme on sait, chacun tenait à honneur d'avoir le droit de reposer. Nous avons donc remis à plus tard pour le faire ; et profitant pour cette excursion, qui ne peut avoir lieu qu'en voiture, d'un jour où la pluie nous empêchait de sortir à pied, nous avons

4

repris le chemin de la *Roma vetus*. Le premier tombeau qu'on rencontre est celui des Scipions ; mais il ne
vaut pas les 50 centimes au moins qu'il faut donner à
l'enfant qui en a la garde, tant pour le payer de sa
peine que pour la lumière qui est indispensable ; et le
gamin en question trouva sans doute que c'était trop
peu, car il sembla très maussade en recevant ma petite pièce. Puis laissant à droite la porte Saint-Paul, on
dépasse la porte Saint-Sébastien, et l'on arrive à la petite église *Domine quo vadis*, bâtie à la place où, suivant la légende, saint Pierre, fuyant le supplice, ren-
contra Notre-Seigneur et lui adressa les paroles que je
viens d'écrire, auxquelles le Sauveur répondit par celles
de *Venio iterum crucifigi* qui firent que l'apôtre re-
tourna sur ses pas.

C'est ensuite au delà de l'église de Saint-Sébastien,
à gauche, le Cirque de Maxence, assez bien conservé, et
qui était destiné aux courses de chars ; puis la route
monte et elle atteint le grand tombeau de Cecilia Me-
tella, semblable à une forteresse, et qui domine au loin
la campagne : une construction ronde de 20 mètres de
diamètre, sur un soubassement carré, composée d'une
chambre sépulcrale, celle de la fille de Metellus Cre-
ticus, femme de Crassus, fils du triumvir. Un torrent
de lave descendu des monts Albains et qui fournit,
plus tard, les matériaux de l'ancienne route, vient
s'étendre jusqu'ici ; et au delà commence la partie la
plus intéressante de la voie Appienne ; l'ancien pavé est
parfois découvert ; il consiste en de larges blocs de
pierre, et des deux côtés s'étendent des rangées de
tombeaux dont il ne reste néanmoins souvent que très
peu de chose ; tout ce qui était un peu intéressant

ayant été enlevé et déposé dans les musées de Rome. Les maisons sur la route deviennent plus rares ; la voie Appienne est ici tout à fait déblayée, entièrement bordée de sépultures, et ainsi elle se prolonge jusqu'à la sixième pierre milliaire, où elle commence à devenir *moins intéressante* : aussi d'ordinaire on ne va pas plus loin ; mais avant de rebrousser chemin, on ne manque pas de s'arrêter à une petite ferme établie à cet endroit sur l'emplacement d'un grand mausolée, le *Casale Rotondo*, et de là on jette un coup d'œil sur la campagne dont l'ensemble est des plus grandioses : à l'horizon la Ville-Éternelle et le dôme de Saint-Pierre ; aux alentours, la vaste Nécropole ; à droite, les arcades majestueuses de l'*Acqua Felice*, qui du pied des monts Albains s'en va porter à Rome le bienfait de ses eaux ; à gauche, dans la plaine où coule le Tibre, la masse imposante de Saint-Paul hors les murs.

Rome (*suite*). — Saint-Pierre. — Le Vatican. Le Trastevère. — Tivoli.

La partie de Rome située sur la rive droite, dont il me reste à parler, se compose de deux quartiers seulement, reliés par une large rue, la *Longara*, le *Borgo* et le *Trastevere*. Le *Borgo* lui-même ne comprend guère que deux monuments, mais qui suffisent amplement à sa gloire, puisqu'ils s'appellent Saint-Pierre et le Vatican : le Vatican et Saint-Pierre, deux noms dont chacun est celui de tout un monde, et qui imposeraient au narrateur qui voudrait s'en acquitter dignement une tâche si redoutable, que je ne l'essaierai même pas. Aussi bien ici comment décrire ? Appliquant trois mots connus, je dirais bien plutôt on vient, on voit, et au lieu de vaincre, comme le Consul romain, on est vaincu soi-même, vaincu par la grandeur de ce qu'on a sous les yeux, et il y a alors ceci de particulier qu'à la différence de ce qui se produit souvent, plus on revient et l'on revoit, plus on admire; je me bornerai donc à quelques observations générales d'un intérêt pratique et à deux ou trois remarques de détail, dont je ne décline pas la responsabilité, bien entendu, puisque je les publie; mais que je supplie mes lecteurs de n'accepter que pour ce qu'elles valent et ce qu'elles sont, de simples impressions toutes personnelles.

On arrive au *Borgo*, de la rive gauche, par le pont Saint-Ange qui franchit le Tibre, entre deux rangées de dix statues colossales d'anges; mais ce débouché, le principal des six ponts qu'il y a sur le fleuve dans la traversée de la ville, est tout à fait insuffisant; deux voitures seulement peuvent y passer de front, et, le matin surtout, deux longues files de chariots attelés de mules, ou des bœufs, aux longues cornes, placées presque horizontalement, de la campagne romaine, occasionnent un tel encombrement, que les omnibus et les autres voitures doivent attendre un certain temps leur tour pour s'y glisser.

C'est alors le château Saint-Ange, ou môle d'Adrien, une sorte de gros pâté rond, construction massive, de forme cylindrique, de 73 mètres de diamètre, en travertin revêtu de marbres qui ont disparu, avec une corniche ornée de statues, mausolée colossal que fit ériger pour lui et ses successeurs cet empereur, et au faîte duquel était sa statue, que remplaça plus tard celle de Saint-Michel, en mémoire d'une apparition de cet archange, que Grégoire le Grand aurait vu là remettant l'épée au fourreau, lors d'une procession pour implorer la cessation de la peste. Puis de la *piazza Pia*, aujour-d'hui *del Plebiscito*, partent quatre rues, dont une à gauche est la *Longara*, et les trois autres vont à Saint-Pierre, le *Borgo Vecchio* au milieu, le *Borgo Sancto Spirito* à gauche et à droite le *Borgo Nuovo*.

On prend l'une des trois, ordinairement celle-ci, quand on va au Vatican, sinon celle du centre, et l'on arrive, à peu près dans l'axe de la Basilique, à la place Saint-Pierre, dont la physionomie est trop connue pour que je la reproduise autrement qu'en dix lignes : un espace carré de 340 mètres de longueur sur 240 dans dans sa plus grande largeur, devant lequel s'étend un autre espace, oval celui-là, qu'entourent les colon-nades grandioses du Bernin, construites en 1667 et se composant, de chaque côté, d'une quadruple rangée de colonnes et de piliers ; 284 colonnes et 88 piliers forment ainsi trois galeries, dont celle du milieu est assez large pour laisser passer deux voitures de front, la balustrade est ornée de 162 statues de saints. Au fond est la façade de Saint-Pierre, et au-devant, au centre d'une rose des vents, dessinée tout autour, se dresse le grand obélisque sans hiéroglyphes, apporté d'Héliopolis par Caligula, surmonté d'une croix, sur lequel est la phrase fameuse : *Crux vincit, Crux regnat, Crux imperat* : des deux côtés s'élèvent de belles fontaines de 14 mètres de haut. Certes tout cela est grand, imposant et forme une entrée digne de la plus vaste église du monde; et pourtant, le dirai-je, on s'en est fait, à l'avance, une telle idée, que l'effet produit n'est pas complètement celui auquel en s'attendait. Cette place est si vaste que, même animée, elle semble toujours déserte; les voitures qui y circulent ont l'air de courir les unes après les autres, par un beau temps, elle est ensoleillée et aride ; s'il pleut, oh alors ! elle est terne et maussade, la couleur jaune sale des colonnes, teinte qu'ont plusieurs des monuments de Rome, leur nuit beaucoup; l'aspect de la façade elle-même de la Basilique ne satisfait pas entièrement; on s'en promettait mieux, malgré sa largeur de 112 mètres, ses 44 mètres de hauteur, les 8 colonnes, 4 pilastres et 5 demi pilastres qui la décorent, en dépit de sa balustrade et de ses statues du Sauveur et des Apôtres, de 5ᵐ 70. Au-dessus dé l'entrée du milieu, la *loggia*, où le pape recevait la tiare et donnait la bénédiction solennelle *Urbi* et *Orbi*, apparaît un peu vulgaire, une fenêtre quelconque, précédée d'un balcon.

Pardon de ces appréciations peut-être téméraires, ô sainte basilique de Paul V ! mais je vous dois toute la vérité, et quand, au contraire, ayant pénétré sous le portique, et entre l'ouverture de droite, la Porte-Sainte ou Jubilaire, restée tristement fermée depuis 1825, et celle du milieu, aux battants de bronze, ayant franchi une autre de vos cinq portes, on met le pied sur vos parvis sacrés: alors quel éblouissement auquel tout conspire à la fois ! Tout, la largeur de la grande nef et du transept, la hauteur à laquelle est la voûte, en berceau et à caissons, les arcades de la coupole et sa dimen_ sion, les quatre piliers qui la soutiennent, et devant l'un

desquels, précédée de deux grands candélabres, et surmontée du portrait de Pie IX en mosaïque, est la statue
en bronze de Saint-Pierre, sur un siège de marbre
blanc, au pied droit presque usé par les baisers des
fidèles, et au centre de cette même coupole, sous un
baldaquin, reposant sur quatre colonnes torses richement dorées, le maître-autel où le Souverain-Pontife
disait seul la messe, les jours de grande fête, au-dessus
du tombeau de Saint-Pierre, au milieu de la confession
qu'entourent quatre-vingt-neuf lampes toujours allu-
mées. Un double escalier de marbre conduit ici au fond
du caveau, et des portes en bronze doré ferment la
niche qui contient le sarcophage du Prince des Apôtres.
Dans l'abside, au-delà de la coupole, la chaire de Saint-
Pierre, siège en bronze, renferme le trône de celui qui
fut le premier des papes.

Et je ne parle, ni des bas côtés, ni des chapelles de
la Basilique, ni de ses trente autels, ni des œuvres
d'art, innombrables sculptures et statues, peintures et
reproductions en mosaïque des tableaux des grands
maîtres qui la décorent, ni des dorures, marbres de
couleurs et autres ornements qu'on y a prodigués, profusion trop fastueuse peut-être, qui jure avec la majestueuse simplicité du monument. Mais ce qui plus
encore que tout cela, plus encore même que les dimensions colossales de chacune des parties, donne à l'intérieur de la basilique un aspect imposant, c'est l'harmonie des proportions. En même temps qu'on se demande
comment le génie de l'homme a pu avoir la pensée de
lancer dans l'espace un pareil édifice, on s'étonne qu'il
ait pu y réussir avec tant de bonheur, et l'on admire
qu'une entreprise aussi gigantesque ait abouti avec un

tel succès : les chiffres que voici en donneront une idée : *S. Pietro in Vaticano* a une superficie de 21,192 mètres carrés, tandis que Notre-Dame-de-Paris n'en mesure que 5,955, un peu plus du quart.

Dans une des chapelles du bas-côté de gauche, qu'on appelle la grande chapelle du chœur, sont deux orgues, et, souvent le dimanche, a lieu un service accompagné de musique, où les dames ne sont admises qu'en robe noire et voilées, les hommes en habit noir : étant allés le dimanche, veille de notre départ, prendre congé de Saint-Pierre, nous y avons assisté à la fin d'un office en musique, qui devait être les Vêpres, puisque ensuite on a entonné les Complies ; mais autrement je ne m'en serais pas douté, et les chants m'ont paru avoir un caractère assez peu religieux. Nous sommes aussi montés au Dôme, et même dans la boule de cuivre qui est au faîte, immédiatement au-dessous de la croix ; en principe, cette ascension n'est permise que le jeudi matin de 8 à 11 heures ; mais, en fait, on en obtient l'autorisation tous les jours, comme par tolérance, et au moyen d'une faveur qui semble toute personnelle, seulement, une fois entré, on constate que tous ceux qui se sont présentés, quarante ou cinquante visiteurs, ont été successivement admis, tous par exception à la règle. Huit escaliers commodes, de 142 larges degrés conduisent jusqu'au toit, et la coupole s'élève encore à 94 mètres au-dessus, 123ᵐ 40 du sol au total, et 132ᵐ 50 au sommet de la croix. De ces différents étages, en dedans, on a des vues surprenantes de l'intérieur de l'église, et entre sa double calotte, d'autres escaliers faciles conduisent à la lanterne. De là, une dernière échelle étroite en fer, toute droite, où ne peut passer

qu'une seule personne, aboutit à la boule du sommet,
qui peut contenir seize personnes, et de cette sphère
sans ouverture, on ne voit rien au dehors, mais on est
en droit de dire qu'on y est monté, et cela suffit. De la
lanterne on découvre le panorama qu'on peut deviner,
et dont je ne citerai qu'un détail, les magnifiques jardins du Vatican, qui entourent Saint-Pierre au nord-
ouest, à la fois parce que nous ne les avons vus que de
là haut, et que cela me servira de transition pour parler
maintenant de ce palais lui-même.

De même que Saint-Pierre est le temple le plus
vaste de l'univers, le Vatican en est le plus grand palais, puisqu'il ne comprend pas moins de 20 cours et
11,000 chambres, salles, chapelles, etc ; mais l'aspect
extérieur n'en est point imposant, et ce qu'on en voit
du dehors a plutôt l'air d'une caserne, que de l'habitation d'un Souverain-Pontife. L'entrée principale en
est le *portone di bronzo*, à l'extrémité des colonnades
de droite de la place Saint-Pierre, un agent de la police
italienne est toujours là de faction, et à l'intérieur il y a
un corps de garde des Suisses; on exhibe à l'officier de
service sa permission, si l'on en a, ou bien on se fait
indiquer le bureau du majordome. Et ici je me trouve
naturellement amené à raconter une audience que nous
avons eu l'honneur d'obtenir du Saint-Père. C'est là une
faveur à laquelle aspire quiconque se rend dans la Ville
Éternelle; j'avais donc sollicité à cet effet une recommandation de Mgr Coullié; M. le Chancelier de l'Évêché,
avec son obligeance ordinaire, avait transmis et appuyé
ma requête, Sa Grandeur avait bien voulu l'accueillir,
et, dès le lendemain de notre arrivée à Rome, j'étais
allé présenter ma lettre au Prélat majordome du palais,

Mᵍʳ Macchi, ou plutôt à l'un de ses secrétaires; mais celui-ci m'avait donné à entendre que nous avions bien peu de chances d'être admis auprès du Pape ; Sa Sainteté indisposée ayant dû suspendre toutes audiences, sans qu'on sût quand elle pourrait les reprendre. Et nous avons cru remarquer alors que quelque déférence qu'onait pour les recommandations épiscopales, elles se sonttellement multipliées, qu'elles sont devenues d'une utilité médiocre. J'ajoute encore qu'à la différence de Pie IX qui aimait beaucoup à recevoir, Léon XIII, absorbé par ses études et par le gouvernement des affaires de l'Église ne s'y prête que par devoir.

Nous avions donc presque renoncé à l'espoir d'une réception, quand un jour nous apprîmes avec bonheur par Mᵐᵉ Estignard que le lendemain, le jeudi 15 avril, à une heure, il y en aurait une dans laquelle nous avions été compris, et le soir, en effet, arriva notre lettre d'introduction, laquelle, je m'empresse de le dire, à l'adresse de certaines personnes qui pourraient penser le contraire, n'entraîne d'autre obligation pécuniaire qu'une somme de 2 fr. 50, qu'il est d'usage de donner au messager, chargé de la faire parvenir à sa destination : pas d'autre oblation, plus ou moins volontaire. Nous allâmes donc immédiatement réclamer à Mᵐᵉ la Supérieure des sœurs du palais Borghèse différents objets, chapelets et médailles, que je voulais rapporter à Orléans bénis par Sa Sainteté, et que, désespérant de pouvoir les présenter moi-même au *santo Padre* je lui avais déjà confiés pour être remis à cet effet au Vatican. Mais on n'est admis devant le Souverain-Pontife, les dames que vêtues de noir et la tête couverte d'un voile ou de la mantille, les hommes en frac noir et cra-

vate blanche, sans gants, inutile aussi de se préoccuper
d'une coiffure, on laisse la sienne dans le salon d'attente; or nous n'avions, bien entendu pas dans notre
valise tout ce qu'il nous fallait, et Mme Estignard,
toujours obligeante, nous ayant indiqué un tailleur de
la place de la Minerve auquel elle envoyait, en pareil
cas, ses clients, nous sommes allés chez lui ; il a mis à
contribution son vestiaire, et non sans peine, en ce qui
concerne Louis, et pour un prix de location relativement modéré, 4 fr., nous avons fini par y trouver ce
qui nous manquait, deux habits et un gilet allant à
notre mesure, ou à peu près et suffisamment propres,
les deux seules exigences qu'on puisse se permettre, en
semblable circonstance. Puis, le lendemain, à midi et
demi, nous nous sommes mis en route pour le Vatican,
en voiture, la pluie tombait, et, d'ailleurs eût-il été dé-
cent de compromettre en omnibus ou à pied dans les
rues les augustes personnages que nous étions alors ?

Mais après ces préliminaires, qui prêtent un peu à
rire, parlons moins légèrement, car une audience du
Pape est un acte sérieux, qui doit laisser après lui de
graves souvenirs. On arrive aux appartements de réception par l'escalier royal (*scala regia*), et de là par
la cour Saint-Damase (*cortile di S. Damaso*), où montent, de leur côté, par une rampe pratiquée à cet effet,
les voitures, ou plutôt celles qui y sont seulement admises, les équipages à deux chevaux ; on traverse plusieurs salles où sont des gendarmes pontificaux, à la
tenue digne, comme tous les gendarmes du monde, et
des gardes nobles, à l'uniforme moins sévère et même
peut-être un peu trop bariolé.

On finit par se ranger dans la salle du Trône, de-

bout, le long des murs, dans l'ordre où un Prélat a
recueilli les lettres d'introduction ; et l'on attend le
Saint-Père, les yeux fixés, avec une impatience et surtout une émotion respectueuses, sur la porte par où il va
se montrer. Il tarda un peu, retenu par des réceptions
particulières. Il paraît enfin, et aussitôt on s'agenouille,
ou plutôt on s'incline, car, avant qu'on ait eu le temps
de fléchir le genou, un maître de cérémonies invite tout
le monde à se relever. Parfois, le Pape prend alors
place sur son trône, duquel, dans de certaines audiences plus solennelles, il prononce quelqu'une de ces
allocutions qui ont toujours tant de retentissement ; et
ensuite, successivement, les assistants défilent devant
lui ; mais, ce jour-là, ce fut lui, au contraire, qui fit le
tour de la salle, adressant aux cinquante ou soixante
personnes présentes (c'était une réception assez peu
nombreuse), dont le cardinal Macchi lui indiquait, au
fur et à mesure, le nom et le pays, à chacune dans sa
langue, d'un ton paternel, quelques paroles, avec une
affectueuse bonté. Comme j'implorais sa bénédiction
pour tous les miens, il me demanda si j'avais beaucoup
de famille, où Louis avait fait ses études, et comme
je nommais le Petit-Séminaire d'Orléans : « Ah ! oui,
répondit-il, la maison de Mgr Dupanloup, » et ce souvenir donné, avec tant de présence d'esprit, à la mémoire du grand Évêque, nous a profondément touchés.
Chacun, à l'approche du Pape, avait fait une génu-
flexion, en lui présentant, pour qu'il voulût bien les
toucher et les bénir, les objets qu'il avait à la main ou
sur le bras, et chacun de même, quand le Saint-Père
s'éloigne, s'incline de nouveau, en lui baisant la main.
Puis, à la fin de l'audience, toute l'assistance s'age-

nouille encore une fois, et, au milieu de la salle, le Pape prononce, à haute voix sur elle, les paroles de la bénédiction : c'est là un moment solennel, et les yeux levés au Ciel, vers le Dieu dont il est ici-bas le Vicaire, ses doigts traçant sur ces cinquante ou soixante personnes, dont la plupart sont venues là de si loin, le signe de la croix, ce vieillard vénérable est vraiment auguste, et quelque chose en lui dépasse l'humanité. Il rentre alors lentement dans ses appartements et tout le monde se retire. Léon XIII est bien tel que ses photographies le dépeignent, ou plutôt elles le représentent bien tel qu'il est, grand, d'une maigreur ascétique, et d'une pâleur que rendent plus sensible encore sa soutane et sa calotte blanches. Il a les traits fatigués, empreints de bienveillance, mais qui, en même temps, respirent la fermeté, indiquant qu'il déploierait, au besoin, une énergie indomptable. Il éprouve quelque difficulté à marcher ayant une cuisse un peu ankylosée : toutefois sa haute taille est restée droite. Il parle le français avec aisance, mais aussi avec un accent italien très prononcé.

Indépendamment des salles d'apparat et des appartements particuliers du Saint-Père, le palais du Vatican renferme des richesses artistiques de premier ordre et de plusieurs genres, qu'on est admis à visiter, à certains jours, sur le vu de permissions qu'on obtient gratuitement à cet effet, avec la plus grande facilité; et tout d'abord, parmi ces galeries, figurent, formant cinq musées, une collection d'antiques qui est la première du monde, puis les tapisseries de Raphaël ; les musées égyptien, étrusque, *Pio Clementino*, *Chiaramonti*, et le *Braccio Nuovo*, ou Bras-Neuf, installés dans le Bel-

védère. Il y aussi la très intéressante manufacture de
mosaïques papale, pour la reproduction des tableaux
célèbres, en émaux de couleur, dont il existe 14,000
nuances différentes. Or, on arrive à ces salles, de la
place Saint-Pierre par la *via delle fondamenta*, en
faisant par la gauche le tour de la Basilique, dont on a
ainsi l'occasion d'admirer la grandeur, mais je n'en
savais rien ; contre mon habitude, je crois pouvoir sans
présomption me rendre ce témoignage, je ne m'étais
pas livré sur ce point à une étude suffisante de mon
Guide ; de plus, et vous le voyez, chers amis, je plaide
ici en ma faveur les circonstances atténuantes, la pluie
nous fit perdre un certain temps ; bref, nous avons
quitté Rome sans avoir visité ces précieuses galeries, et
je le déplore, car il est peu probable qu'il me soit jamais
donné de les revoir.

Nous avons été plus heureux, ou si vous le voulez,
mieux avisés, à l'endroit de la chapelle Sixtine ; mais,
je l'avoue, et j'ai de bonnes raisons de croire que je ne
suis pas le seul de mon avis, malgré les peintures si
admirées de Raphaël, les Fresques, le plafond et le
Jugement dernier, qui en forment la décoration, ce
n'est point ici seulement une satisfaction moindre que
nous avons éprouvée, mais une véritable déception ; je
m'étais pour ma part, et d'autres avec moi, un autre,
tout au moins, un de nos compatriotes et de mes lecteurs, très honorable ancien magistrat, excellent appré-
ciateur et fort compétent en la matière, fait de cette
salle fameuse une tout autre idée, et c'est elle dont
nous avons rapporté du Vatican les souvenirs les moins
flatteurs. Nous avons goûté davantage les Loges de
Raphaël, c'est-à-dire dans un des corridors qui entou-

rent au deuxième étage la Cour Saint-Damase, treize
voûtes, dont chacune se compose de quatre fresques,
représentant des scènes, les douze premières de l'An-
cien-Testament, et la dernière du Nouveau : tout cela
est traité avec une richesse de composition et une grâce
d'exécution qui se rencontrent rarement; néanmoins,
cette galerie était primitivement ouverte, elle n'est vitrée
que depuis 1813 et l'ornementation en a ainsi beaucoup
souffert des injures du temps, au point que plusieurs
sujets sont méconnaissables. En outre, l'emplacement
qu'occupent les peintures en rend l'étude difficile et
pénible; là encore, nous nous attendions à mieux.

Mais je me reprocherais d'en terminer avec le Vatican par un jugement sans doute un peu sévère; j'ai
donc réservé pour la fin la mention de deux autres
collections d'une valeur incomparable : des chefs-
d'œuvre de Raphaël, encore, qui sont au premier rang
parmi les créations du grand peintre comme parmi
celles de l'art moderne, et ceux-là nous ont captivés et
tenus sous le charme, les fresques qu'il a exécutées sur
les ordres des Papes Jules II et Léon X dans les salles
de réception du Vatican, les *Stanze* ou *Camere*, au
nombre de quatre, la chambre de la Signature, ainsi
appelée comme étant la pièce où se signaient les brefs
de grâce, Raphaël avait vingt-cinq ans lorsqu'il en commença la décoration ; puis celles d'Héliodore, de l'Incendie et de Constantin, dont chacune emprunte son
nom au sujet qui y est traité ; enfin, une galerie de
peinture, fondée par Pie VII, qui y réunit les toiles en-
levées pour la plupart aux églises par les Français, et
rendues en 1815, ainsi que d'autres tableaux de pro-
venances diverses. C'est avec celle du palais Borghèse,

la plus importante de Rome, celle du Vatican inférieure à sa rivale, ainsi qu'à d'autres collections particulières, par le nombre des toiles, mais ne se composant, à peu d'exceptions près, que de bons tableaux et en comptant plusieurs qui sont des œuvres de premier ordre : je ne citerai pourtant que deux de ceux-ci, des Raphaël, la *Transfiguration de Jésus-Christ,* dernier grand tableau du maître, exécuté pour le cardinal Jules de Médicis, plus tard le Pape Clément VII, et la *Madone de Foligno,* peinte en 1512.

A gauche du *Borgo,* s'étend le surplus de la partie de Rome d'au-delà du Tibre, la *Longara,* ensuite sur les flancs du *Janicule,* le *Trastevere,* occupé presque exclusivement par la classe ouvrière et dont les habitants prétendent avoir le mieux conservé le sang romain, et parlent même un dialecte particulier. Là encore, Bœdeker signale des choses intéressantes : le palais de la Farnésine et ses peintures, faites d'après les dessins de Raphaël, l'histoire de Psyché; le palais Corsini et sa galerie de tableaux; le musée Torlonia, la plus riche collection d'antiquités à Rome, après celles du Vatican et du Capitole; l'*Acqua Paola,* ancienne *aqua Trajana,* alimentée par le lac de *Bracciano,* à 50 kilomètres de là; la porte Saint-Pancrace, prise d'assaut en 1849 par les Français sous Oudinot, la villa *Doria Pamphili* et son Casino. Mais, à plusieurs reprises, la pluie, j'ai déjà eu l'occasion de le dire, a contrarié notre séjour à Rome, et l'on comprend qu'elle ait dû nous gêner, surtout pour la visite de ce quartier excentrique : nous n'y sommes donc allés qu'un jour, pour monter à Saint-Pierre *in Montorio,* une église bâtie à la place où, dit-on, le Prince des Apôtres souffrit le martyre, à 60 mètres sur le versant du *Janicule*, peu curieuse en elle-même ; mais de la place qu'il y a devant, on découvre, de la capitale du monde chrétien et de ses environs, une vue, la plus admirable qu'il y ait, et qui mérite une étude spéciale, si l'on veut se familiariser avec la topographie de la Ville Éternelle : posté là en face de la grande cité, comme au centre d'un vaste demi-cercle, on la voit se développer ainsi que les branches d'un éventail gigantesque. Bœdeker a joint à son livre un tableau panoramique très complet, et très exact comme toujours, et le doigt sur cette carte, l'œil sur Rome, nous en avons reconnu un à un les dômes, les clochers et les principaux monuments.

Outre les quatre excursions *fuori le Mura* que j'ai racontées, il est deux autres courses plus longues que nous désirions entreprendre, l'une à 21 kilomètres de Rome, ligne de Naples, à Frascati, à Tusculum, et aux ruines de la fameuse villa de Cicéron, à laquelle la persistance du mauvais temps nous a forcés de renoncer ; et la dernière à Tivoli, que nous avons faite quand même. Cette petite ville est à 29 kilomètres de Rome, et l'on y va par un tramway à vapeur qui est un véritable train de chemin de fer, partant de la porte *San Lorenzo*, et auquel conduit de la place de Venise une voiture de correspondance ; une première fois, par suite d'un changement survenu depuis le 1er avril dans le service, nous manquâmes celle-ci ; mais, un autre jour, nous nous sommes mis en mesure d'être exacts, et, à neuf heures dix minutes du matin, nous partîmes pour arriver à Tivoli à onze heures. La route suit presque continuellement l'ancienne voie Tiburtine, et à la quatrième pierre milliaire franchit sur le pont *Mummolo* l'*Anio*, aujourd'hui le *Teverone*, qui, descendu des monts Albains, où il a pris sa source, vient d'arroser *Subiaco*, *Vicovaro* et Tivoli, et va se jeter dans le Tibre. On arrive alors aux bains d'eaux sulfureuses d'Acque Albule, très fréquentés dans l'antiquité et qui continuent à l'être aujourd'hui : ce sont des sources très abondantes et dans un bel établissement ouvert toute l'année, se trouvent des piscines de natation pour l'un et l'autre sexe. Dans le voisinage sont des carrières de travertin (*lapis tiburtinus*), qui ont fourni les matériaux de la Rome ancienne et de celle de maintenant, du Colisée comme de Saint-Pierre. Puis, après la station de la villa d'Adrien, dont je parlerai dans un instant, la voie se met à monter assez rapidement, le tramway est remorqué par une plus forte machine, il s'arrête dans le bas d'une des plus belles habitations qu'il y ait dans le pays, la villa d'Este, à la porte de Tivoli, et l'on va chercher son déjeuner dans l'une des deux maisons qui se disputent ici les faveurs des étrangers, l'hôtel de la *Sibylle* dans un très beau site, ou l'hôtel *Regina*, moins bien placé, mais moins cher aussi.

Tivoli, le *Tibur* des Anciens, dont l'aristocratie avait là ses maisons de plaisance, a des rues étroites qui ne sont rien moins qu'attrayantes ; mais sa situation est magnifique, et l'*Anio* y forme des cascades d'un caractère grandiose et d'un effet imposant, et dans le bas de la ville d'autres plus petites, les cascatelles : c'est là ce qu'on vient voir à Tivoli, ainsi que plusieurs autres curiosités. Il y a d'abord un monument antique, le Temple de la Sibylle, bâti sur le rocher au-dessus d'une chute d'eau qui tombe avec fracas d'une hauteur de 100 mètres dans un ravin planté d'oliviers et de cyprès, et sur lequel on a de cette hauteur un coup d'œil magnifique; puis descendant au niveau du torrent, c'est le temple lui-même que d'en bas on embrasse à son tour du regard, pendant que marchant le long de la rivière, on la contemple qui roule dans l'abîme en bouillonnant; et de là, tantôt par des escaliers, tantôt par des sentiers en zigzag, on va gagner encore d'autres cascades, et deux grottes dites des Sirènes et de Neptune.

Il y a encore, à 2 kilomètres de Tivoli, la villa d'Adrien, une création magnifique de la vieillesse de cet empereur qui, ayant beaucoup voyagé, imagina d'en faire une merveille d'architecture, et de donner aux différentes parties de cet immense domaine, de plusieurs lieues de circuit, les noms des contrées et des lieux les plus célèbres : ceux de Lycée, d'Académie, de Prytanée, de Pécile, de Canope, de Tempé, d'autres encore empruntés au royaume des ombres. Ravagée lors des guerres entre les Romains et les Goths, dans les siècles suivants, la villa *Hadriana* fournit des matériaux pour les églises et les palais de Tivoli; puis l'idée vint de chercher sous ses décombres des sculptures antiques, et l'on y a trouvé, en effet, un nombre presque incalculable d'œuvres d'art, dont plusieurs sont parmi les plus remarquables des musées du Capitole et du Vatican; seulement les fouilles n'ont pu être pratiquées sans détruire encore davantage ce qui restait des édifices, de sorte que maintenant ils sont à l'état de ruines. Devenue propriété du gouvernement en 1871, le public est admis à la visiter au prix de

1 franc par personne ; mais la solitude qui règne dans ce vaste parc, l'amoncellement des débris qui y sont entassés, les murailles pantelantes qui demeurent seules debout, les rangées de cyprès qui en forment les allées, lui donnent un tout autre aspect que celui d'une maison de plaisance.

La tournée des cascades et de la villa d'Adrien est intéressante, mais chère, et elle demande un certain temps, surtout de la façon dont elle a eu lieu de notre part, car voici ce qui nous arriva. Pour aller plus vite et moins nous fatiguer, nous avions deux ânes : *Gari-baldi* et *Pissone*, avec un guide, lequel nous proposa de prendre un chemin qui serait plus long, mais plus attrayant, et le drôle ne nous a pas menti ; car ce fut une charmante promenade, bien que faite sous une suite d'averses, la bride de l'âne d'une main, le para-pluie de l'autre ; or il nous avait dit qu'en sus du prix de la course, 8 francs, suivant le tarif, pour lui et ses deux bêtes, nous lui donnerions ce qu'il nous plairait ; je crus donc me montrer très large en lui mettant dans la main pour le tout une pièce de 10 francs ; mais il se récria, et il me fallut doubler le pourboire. Nous retrouvâmes alors le tramway, et à six heures, nous étions de retour à Rome.

Sienne.

Nous en avions fini avec Rome, du moins dans la mesure du possible, et le temps que nous devions con-

sacrer à la visiter était écoulé et même dépassé ; il
s'agissait d'en partir, et si nous avions suivi notre programme, cela aurait dû être pour aller voir Naples et
ses environs, Sorrente, Pompéï, le Vésuve. Mais nous
en avions été détournés par M. le Dr F*** par des considérations hygiéniques : « L'état sanitaire de Naples,
nous avait-il dit, est toujours peu satisfaisant, à raison
notamment de la mauvaise qualité de l'eau qu'on y
boit, et tous les ans l'honorable médecin en chef de
l'hôpital L*** a dans sa clientèle des exemples de maladies contractées là, et qui, plusieurs fois, ont eu une
issue fatale ; » cette année, en particulier, la situation
laissait beaucoup à désirer ; il m'avait donc engagé,
pour Louis surtout, à ne pas affronter le danger. J'aurais
mieux aimé peut-être ignorer ces choses, bien que je
ne me repente pas aujourd'hui d'avoir été prudent ;
nous aurions été à Naples, et sans doute Dieu aurait
permis qu'il ne nous advînt rien de plus qu'il n'est arrivé aux autres Orléanais qui y sont allés. Mais le sachant, je n'osai pas assumer la responsabilité d'une
inconnue que je ne pouvais dégager. Louis, toujours
raisonnable, comprit que c'était surtout dans son intérêt que je m'abstenais, et il fut décidé qu'au lieu de
descendre vers le Sud, nous remonterions au Nord ;
seulement je lui annonçai que comme compensation,
— non, — comme fiche de consolation, — de Gênes,
avant de rentrer définitivement en France, nous irions
passer quelques jours à Nice, et de là rayonner dans le
voisinage. Ce ne fut pas toutefois sans un regret profond que je me résignai à ce sacrifice ; car ce que je
laissais ainsi en arrière, le reverrai-je jamais ? Et cependant, avec Naples, auquel je tournais le dos, avec ce

que nous n'avions visité à Rome qu'incomplètement et ce que je serais bien aise d'y revoir, avec Pérouse, Assise, Ancône et Lorette, où je serais heureux d'aller, nous aurions encore amplement de quoi glaner en Italie.....

Le ferai-je un jour? L'avenir le dira; mais pour le moment il fallait partir : or, nous avions ici le choix entre deux itinéraires : l'un par Civita-Vecchia et les Maremmes, en longeant le littoral; l'autre par *Chiusi*, pour aboutir à Pise par *Empoli*, celui-ci nous permettait de voir au passage *Sienne*, une des villes les plus attrayantes où nous puissions nous arrêter. Lui donnant donc la préférence, le lundi 20 avril, à dix heures trente-cinq minutes, nous avons dit adieu à Rome, saluant d'un dernier regard pendant que le train contournait le périmètre de l'enceinte, ses monuments que maintenant nous n'avions pas besoin que personne nous nommât, et à deux heures quarante-cinq minutes, par le même chemin que dix jours auparavant, nous avions suivi en sens inverse, nous étions à *Chiusi*; mais là nous avions à changer notre *diretto* pour un autre train, omnibus celui-là, de sorte que laissant à droite le premier se diriger sur *Firenze* par *Terontola*, nous sommes montés dans le second qui allait mettre trois heures à franchir les 93 kilomètres qui nous séparaient de *Sienne*.

On découvre alors à gauche les monts *Cetona*, qui sont reliés au mont *Amiata*, la cime la plus élevée de la Toscane, 1721 mètres; à droite s'étend le lac de *Chiusi*, et plus loin le long lac de *Montepulciano*, réunis par un canal, et dont les émanations rendent la contrée malsaine en été; et l'on arrive à gauche à une petite ville de 3,000 habitants, *Montepulciano*, qu'entourent encore des murs du moyen-âge, dans un très beau site, sur une montagne de 632 mètres, où on l'aperçoit de fort loin. La contrée d'ailleurs est riante, bien cultivée; on est dans la superbe vallée de la *Chiana*, et sur les hauteurs, soit à droite soit à gauche, s'élèvent des centres de population, dont plusieurs ont un cachet ancien, et le plus important est *Asciano*, à une demi-heure de la voie ferrée, ayant conservé des fortifications bâties en 1351.

Puis commence un long parcours de 31 kilomètres coupé par une seule station dans un pays qui est un des plus stériles de toute l'Italie : rien que des collines de sable, singulièrement conformées et des montagnes chauves et crevassées, intéressantes seulement pour le paléontologue : c'est le plateau qui sépare les bassins de l'*Ombrone* et de la *Chiana*, six tunnels et un trajet d'une heure; *Sienne* finit cependant par se montrer. On cotoie la base de la hauteur où elle est assise, comme si on voulait continuer au-delà, jusqu'à ce que laissant le railway filer vers le Nord, on tourne par un embranchement qui fait avec lui un angle aigu au Sud-Ouest, et rebroussant ainsi chemin, et la queue du train se mettant à marcher en avant, on arrive à Sienne qui, de la sorte est tête de ligne. Il était plus de six heures, et depuis neuf heures du matin notre déjeûner de Rome était bien loin; mais la gare est tout près de la ville. Déposant donc encore une fois notre valise à la consigne, nous nous orientons de notre mieux, et par la *via Garibaldi*, puis par la *via Cavour*, qui avec trois autres qui en sont le prolongement, la *via Camollia* au nord, et deux au sud, la *via Ricasoli*, et la *via Ro-*

mana, traverse Sienne de part en part ; nous nous hâtons de gagner l'hôtel que nous désignaient nos coupons Lubin, *Aquila Nerae Armi d'Inghilterra :* Aigle Noir et Armes d'Angleterre.

Sienne (*Siena*), est une ville de 25,000 habitants, chef-lieu de la province du même nom, et siège d'un évéché et d'une université, célèbre dès le XIV^c siècle, dans une contrée charmante, et à une altitude de 405 mètres, sur trois collines composées d'argile dite *terre de Sienne.* C'est une des localités les plus agréables de la Toscane, son climat est sain, et pas trop chaud, par suite de sa situation élevée ; ses rues sont pour la plupart étroites et tortueuses, mais elle a des palais imposants et de belles églises, compte plusieurs bibliothèques et sociétés savantes, et pour l'étude de l'art du XIII^c au XVI^c siècle, c'est une des cités les plus importantes de l'Italie ; le commerce et l'industrie de leur côté, sont assez florissants. La *piazza del Campo,* officiellement aujourd'hui place Victor-Emmanuel, occupe le centre de Sienne, là où se réunissent les trois collines, sur lesquelles elle est assise ; elle est semi-circulaire et s'abaisse vers le milieu, de sorte qu'elle a une ressemblance avec un théâtre antique ; dans cet endroit avaient lieu les assemblées du peuple et les fêtes de l'ancienne République ; des palais à créneaux sont bâtis à l'entour. En face de l'hémicycle, c'est le Palais public, énorme construction en briques, percée de fenêtres gothiques à meneaux, quatre étages au centre avec des ailes plus basses ; sur le côté une haute tour, la *Torre del Mangia* ; dans le bas, contre la tour, la chapelle de la place en forme de *loggia* ; devant l'aile droite du palais, une Louve, les armes de

la ville, à l'intérieur, que nous avons visité, de nombreuses fresques de l'École de Sienne, plusieurs d'un
de ses maîtres les plus illustres, Bazzi, dit le Sodoma,
qui vécut de 1480 à 1559. En face de ce palais, au
milieu de l'hémicycle, la fontaine Gaia, en marbre,
avec des bas-reliefs dont les sujets sont tirés de la
Bible, est alimentée d'une eau excellente par un aqueduc souterrain, de six lieues de long. A l'est du Campo,
le palais du Gouvernement (*del governo*), ayant sur la
piazza Piccolomini une façade que décorent de beaux
ornements en fer forgé, renferme les archives de la
ville, qui comptent parmi les plus importantes de
l'Italie, 52,000 chartes sur parchemin, entre autres la
plus ancienne de 736, des miniatures, etc..., le tout
placé dans des vitrines. Devant ce palais, sur la seconde
place qne je viens de nommer, est la *Loggia du pape*,
avec l'inscription : *Gentilibus suis, pour sa famille* ;
construite en 1460 sur les ordres de Pie II. Sur la *via
di Citta*, très animée, particulièrement vers le soir, se
trouve une belle *Loggia*, celle du Casino *di Nobili*,
l'ancien Tribunal de commerce, bâti en 1417, sur le
modèle de la *Loggia de Lanci*, de Florence.

De la *via Cavour*, longue et étroite, mais que bordent
des palais somptueux, la *via Belle Arti* conduit à
l'Institut des beaux-arts, riche galerie de peinture,
surtout des œuvres de l'ancienne école de Sienne, for-
mée au commencement de ce siècle de tableaux provenant de couvents supprimés et du Palais public, et
depuis considérablement augmentée. A côté, la bibliothèque communale passe pour la plus ancienne de l'Europe avec 40,000 volumes et 5,000 manuscrits. Dans
ce même quartier est l'une des curiosités de Sienne, la

maison de sainte Catherine, *Sponsœ Christi Katerinœ Domus*, dont les différentes pièces, transformées en oratoires appartiennent à la confrérie de Sainte-Catherine, une Société dont j'ignore l'organisation en Italie, mais qui n'a rien de commun, j'imagine, avec ce que le langage vulgaire en France appelle du même nom, la compagnie très nombreuse des personnes enrôlées de plein droit sous la bannière de cette sainte patronne, dès qu'elles ont doublé tristement, sans avoir trouvé un époux, le cap néfaste de leur vingt-cinquième année. Des peintures y retracent les principales scènes de la vie de la bienheureuse, et plusieurs reliques rappellent son souvenir ; mais les principales n'en sont exposées à la vénération des fidèles que le jour de sa fête, le 30 avril. Une église voisine, Saint-Dominique, a aussi une chapelle décorée de fresques du Sodoma, où sa tête est conservée dans un tabernacle de 1466, et un reliquaire d'argent. Une seconde église, parmi plusieurs autres, *San Spirito*, et un petit sanctuaire encore, l'oratoire Saint-Bernardin, contiennent aussi des peintures du même maître.

Mais ce qui surpasse de beaucoup en intérêt tout le reste, c'est la cathédrale ou *Duomo*, vaste édifice d'un style magnifique, quoique irrégulier, bâti à l'endroit le plus élevé de la ville, sur l'emplacement d'un temple de Minerve, et dont la longueur est de 90 mètres, la largeur de $24^m 50$ à la nef, de $51^m 35$ au transept. La façade, mélange d'ogive et de plein cintre, est en marbres rouge, noir et blanc, et présente une véritable série d'ornements, de prophètes et d'anges, sculptés par différents artistes. Le campanile est à six étages, sans se rétrécir dans le haut. L'intérieur est divisé en trois nefs,

qui se prolongent jusqu'au chœur avec un transept à
deux nefs, et une coupole hexagone sur la croisée ; et
les assises de diverses couleurs, les rangées de bustes
des papes en terre cuite au-dessus des arcades, les piliers à colonnes engagées, y font sur l'habitant du Nord
une impression, qui d'abord est étrange mais est bientôt
effacée par celle que produisent les brillants ornements
de marbres dont sont partout revêtues les parois de
l'église. Le pavé est couvert de *graffiti* de marbre,
uniques dans leur genre, ou traits faits au stylet, représentant des scènes de l'Ancien Testament ; et dont l'exécution n'est point toujours la même : les plus anciennes
compositions sont de simples esquisses, aux traits
gravés dans le marbre blanc, et remplis de stuc noir ;
plus tard, on employa pour les nuancer du marbre gris,
puis d'autres de diverses couleurs, et l'on en vint ainsi
à faire des mosaïques très variées. Sous le chœur de
la cathédrale, formant une sorte de crypte est l'ancien
baptistère, aujourd'hui église paroissiale, Saint-Jean,
du commencement du XVe siècle, avec une façade gothique inachevée ; des fonts baptismaux en marbre,
excellente œuvre de sculpture du commencement de la
Renaissance, y sont ornés de bas-reliefs de bronze,
dont les sujets sont tirés de l'histoire de saint Jean-
Baptiste. Dans le bas-côté de gauche du Duomo, se
trouve la bibliothèque de la cathédrale, *Libreria*, ornée
de dix fresques par le *Pinturicchio*, et auxquelles
Raphaël aurait aussi collaboré, représentant des scènes
de la vie d'*Enée Sylvius Piccolomini de Pienza*,
pape sous le nom de Pie II. On remarque aussi dans
la Libreria des livres de chant ornés de magnifiques
miniatures.

Nice et ses environs.

Nous ne pouvions, on le voit, prendre congé de
l'Italie plus dignement, que par la visite de Sienne, et
nous n'avions plus maintenant qu'à aller gagner Gênes,
pour de là faire à Nice l'excursion à laquelle je m'étais
engagé envers Louis. J'avais appris que les travaux
nécessités par l'éboulement survenu dans un tunnel
entre la *Spezzia* et *Gênes* étaient assez avancés pour
que la circulation des trains fut rétablie: il fut donc
arrêté la profonde combinaison que voici : nous quitte-
rions Sienne le mardi 21 avril à 2 heures 45 du soir,
et à 5 heures 50 nous arriverions à Empoli, 59 kilomètres plus loin, que nous aurions été ainsi trois
heures à franchir, parcours, qui, par parenthèse, nous
a semblé d'autant plus interminable, qu'il est absolument dénué d'intérêt, dans la vallée fertile d'une
petite rivière, l'*Elsa*. Là nous prendrions au passage,
à 6 heures 6, un train venant de Florence, et devant
entrer en gare de Pise à 8 heures. Nous dînerions ici,
puis à 10 heures 35 nous monterions dans le *diretto*
parti de Rome à 2 heures 35 ; à 3 heures 5 du matin
nous pourrions être ainsi à Gênes, et là nous trouverions un train prêt à partir, vingt-deux minutes plus
tard, pour Nice, où nous serions rendus à 11 heures
et demie. Tout serait donc pour le mieux, et si une
partie considérable du trajet, de Pise jusqu'un peu
au-delà de Gênes devait se faire de nuit, il n'y aurait à
cela aucun inconvénient, et je n'aurais qu'à renvoyer

mes lecteurs, quant à ce, au récit de mon voyage de
Pâques 1884.

Mais ce programme était trop chargé, pour qu'il eût
chance de s'exécuter sans encombre : tout alla bien
cependant jusqu'au-delà de la *Spezzia* : après avoir
dîné à Pise au buffet où notre chat de l'an dernier vint
de nouveau réclamer nos caresses, à 10 heures 35, sans
que le temps nous eût paru trop long jusque-là, nous
prîmes le train de Gênes, et vers une heure et demie
du matin nous arrivâmes entre *Deiva* et *Moneglia*, à
l'endroit où s'était produit l'éboulement. Les communications étaient rétablies, mais les travaux de répa-
ration étaient loin d'être terminés ; nous vîmes notamment qu'une charpente solide encombrait la voie, et il
en résulta qu'un wagon-lit attelé à la suite des autres
voitures se trouva trop large par le haut, pour qu'il lui
fût possible de passer comme le reste : on se mit donc
en devoir d'enlever une partie des ornements qui y formaient une sorte de frise, et de briser les autres.

Nous étions alors au bord de la Méditerranée, dont
les lames se brisaient à nos pieds, sur des rochers qui
surplombent au-dessus des flots, et ce devait être, de
la pleine mer, quelque chose d'éminemment pittoresque
que ce train en détresse, ces torches qui s'agitaient
comme des feux-follets dans les ténèbres, éclairant une
petite fourmilière humaine, et ces coups de marteau
que l'écho répétait. Les signaux convenables nous pré-
servaient de toute rencontre fâcheuse, en avant et en
arrière, du moins, je le suppose, quoique nous fussions
en Italie, et le péril d'une rencontre ne nous menaçait
pas ; nous restâmes donc là en panne assez patiemment,
jusqu'à ce que, une heure plus tard, le *Sleeping-Car*,

étant devenu suffisamment étroit, on se remit en marche; mais nous arrivâmes ainsi à Gênes très en retard, et le train de Nice, correspondant avec le nôtre, ne nous avait pas attendu, de sorte que nous ne pouvions plus profiter que de celui de sept heures. A la vérité, nous y gagnerions en fait de vitesse, puisqu'à la place d'un omnibus ce serait un *diretto* et qu'au lieu d'arriver à Nice à onze heures et demie nous n'y serions pas plus de cinquante minutes plus tard, à midi 20; mais il nous fallut passer le reste de la nuit à nous morfondre sur les banquettes de la salle d'attente de Gênes.

L'heure du départ finit cependant par sonner. Jusqu'à *Pegli* mes lecteurs de 1884 n'ont peut-être pas oublié le parcours; à partir de *San-Remo*, ceux de 1878 le connaissent, et, entre ces deux points, la physionomie de la route est la même qu'en deçà et au-delà, des tunnels en grand nombre ou des chaussées souvent prises sur la mer, et la voie longe ainsi la côte à travers des plantations d'orangers, de citronniers, ou d'épais massifs d'oliviers, par Savone, Albenga, Oneglia, et enfin Port-Maurice. A Vintimille, une nouvelle gare internationale a remplacé les baraques en bois que j'y avais trouvées à mon premier voyage, mais le buffet n'en est pas mieux organisé pour cela; nous jugeons donc prudent d'attendre pour déjeuner que nous soyons à Nice, et ensuite nous allons nous installer à l'hôtel des Étrangers, rue du Pont-Neuf, une maison convenablement tenue, où sont acceptés les coupons Lubin, et dont nous n'avons eu qu'à nous louer.

J'ai parlé de Nice, et des stations d'hiver dont elle est le centre, d'une manière trop complète, il y a sept ans, pour revenir aujourd'hui sur ce sujet, autrement qu'en deux ou trois pages, pour compléter ce que j'ai écrit alors. Nice a continué de se développer et progresse encore tous les jours. Le quartier qui s'étend à droite de l'avenue de la gare, aux abords du boulevard Dubouchage, est splendide; un autre est en voie de formation sur la rive gauche du Paillon, et, pour en faciliter l'accès, une nouvelle station vient d'être établie à Riquier. La rivière sert toujours de séchoir pour le linge; mais une nouvelle voûte a été construite sur une partie de son lit, pour recevoir le Casino municipal; seulement cette entreprise ne semble pas avoir été mieux conçue au point de vue industriel, que l'édifice sous le rapport architectural, car l'un présente un aspect très disgracieux, et l'autre est en faillite. La jetée-promenade, incendiée en 1883, est toujours dans l'état où le feu l'a réduite, et une ruine, sa carcasse métallique, en est le seul vestige. Le théâtre, au contraire, détruit en 1881 dans les circonstances particulièrement douloureuses que l'on se rappelle, est aujourd'hui relevé, et c'est un édifice imposant, extérieurement, et sans doute aussi à l'intérieur, installé avec le plus grand luxe. Sur la plage, du jardin public aux Ponchettes, est aussi maintenant un large boulevard planté de palmiers, qui forme le prolongement de la promenade des Anglais.

Nous n'avons pas manqué, bien entendu, d'aller à Monaco, dont nous avons visité le palais et les jardins et parcouru la presqu'île, et de là à Monte-Carlo, où je n'avais pas encore vu le nouveau Casino; mais Louis a dû se contenter de l'*Atrium* ou vestibule, et des salles de concert et de lecture; la barbe ne fait pas

l'homme, dit-on, mais là-bas elle contribue à ouvrir
certaines portes, qui, autrement, restent closes, en
aidant à passer pour plus âgé qu'on est; or, chez mon
fils, un léger duvet commence à peine à ombrager son
menton et ses lèvres, et il a un visage trop jeune pour
tenter avec succès de se vieillir; on lui a donc impi-
toyablement refusé l'entrée des salles de jeu, rigueur
qui lui a causé un certain déplaisir, car il aurait été bien
aise d'en connaître un peu la physionomie, et j'ai dû
aller seul voir (je dis voir et non pas faire) fonctionner
un moment la roulette et le trente et quarante, pendant
que le pauvre garçon descendait respirer un air, beaucoup meilleur sous tous les rapports, dans les jardins de
l'établissement, où je suis venu ensuite le rejoindre. Et,
puisque je parle de Louis, j'aime à dire ici qu'il a été
ravi, émerveillé de toute cette période de notre voyage :
les trois jours qu'elle a duré ont été pour lui une suite
d'enchantements. Et je le comprends : à tout âge et
pour tout homme, Nice et ses environs sont des endroits
incomparables; mais à 18 ou 19 ans, et, par bonheur
pour lui, mon fils en est là, c'est véritablement un
paradis terrestre. Moi qui connaissais tout cela, je me
résignais moins volontiers à oublier que par-delà cette
Méditerranée, dont les flots bleus venaient amoureu-
sement lécher à mes pieds le sable du rivage, il y avait
Naples, Naples où nous devrions être. Mais si le tou-
riste se prenait à regretter, le père se réjouissait de
voir à ses côtés son fils si heureux.

J'ai tenu aussi à lui montrer *Cannes*, en allant y
passer une demi-journée; mais à la gare on nous remit
un papier qui était l'horaire d'un service pour les îles
de *Lérins*, au sud-est du golfe de Napoule, et, comme

le bâteau était prêt à partir, l'idée me vint d'en profiter.
Louis hésita un moment, la perspective du mal de mer
lui souriait peu ; il se décida pourtant, et malgré un
léger roulis, parfois un peu plus accentué, que les
lames imprimaient au petit vapeur, il s'en trouva si
bien, que sans nous arrêter, comme nous en avions
l'intention, à la première des deux îles, Sainte-Margue-
rite, pour y faire le tour du fort où furent enfermés,
jadis, le Masque-de-Fer, dit-on, et, de nos jours, le
maréchal Bazaine, nous continuâmes jusqu'à la plus
éloignée, l'île Saint-Honorat, à cinq kilomètres du con-
tinent, séparée de l'autre par un détroit de un kilomètre, et qui, si elle est plus petite, ne mesurant que
trois kilomètres de circonférence au lieu de sept, est
plus intéressante, à raison d'une ruine qu'on vient y
voir, les restes du vieux et célèbre monastère de Lérins,
de l'ordre de *Citeaux*, fondé en 1410 par saint Hono-
rat, et qui subsista jusqu'en 1788. Puis, nous sommes
rentrés à Nice, dans une compagnie peu ordinaire,
celle..... d'un lapin de choux, dont un homme était
porteur, et qu'il lâcha dans le compartiment ; ce qui fit
qu'un autre voyageur, un Anglais, bien entendu, s'en-
quit si l'on mangeait en France de ces animaux-là,
parce qu'à Paris, il n'avait jamais pu s'en faire servir ;
le malheureux ! il en avait sans doute absorbé beaucoup, pour peu qu'il eût demandé du lapin de garenne !

Enfin, et c'est par là que je termine à la fois le récit
de notre séjour à Nice, et presque ce livre, nous nous
sommes offert deux excursions en voiture, pour lesquelles, il y a sept ans, le temps m'avait un peu manqué, et beaucoup plus la question d'argent m'avait
arrêté ; car j'étais seul alors, et quand on est deux, la

dépense entière a beau être à la charge du même budget, elle paraît moindre, d'autant plus que l'agrément
est double. Nous avons donc fait, un jour, par la nouvelle route forestière de Montboron, le tour de cette
presqu'île, qui sépare Nice de Villefranche; et, surtout
le lendemain matin, nous sommes montés à Éza, par
le chemin de la Corniche. C'est là une délicieuse promenade, de trois heures et demie environ : on s'élève
sur les flancs du *Mont-Gros* par une route à lacets, à
travers des sites qui offrent une riche végétation et une
vue superbe en arrière sur Nice, ses villas et ses collines
couvertes de verdure, ainsi que sur les baies et les caps
qui découpent le rivage jusqu'à la Napoule ; en bas et à
droite, on domine Villefranche, Beaulieu, la longue
presqu'île Saint-Jean, et, à l'extrémité du promontoire,
les ruines de la chapelle Saint-Hospice; on continue
alors, et l'on atteint presque le point culminant du plateau, la Turbie, où l'on découvre de loin l'énorme tour
d'Auguste en face de *Monaco* : toutefois, on ne poursuit pas jusque-là, et, détournant à droite près d'un
fort, on va gagner un des villages les plus pittoresques
qu'on puisse rencontrer, Éza, quelques groupes de
vieilles maisons, avec une église blanche à flèche élan-
cée, perchées sur un rocher au sommet duquel on
grimpe comme on peut, à l'aide d'emmarchements ir-
réguliers et pénibles. Un bonhomme piochait dans un
champ; nous lui avons demandé quelques renseigne-
ments sur le pays, et il nous en a raconté l'histoire,
ceci notamment, qu'on n'a jamais pu maintenir un pa-
ratonnerre sur la pointe du clocher, la foudre empor-
tant tous ceux qu'on essaie d'y placer, etc..., que la
commune a trois cents habitants, et qu'il en est l'ad-

joint, ce qui n'a pas empêché cet honorable officier municipal d'accepter 25 centimes, que je lui ai mis dans la main pour son intéressant récit.

Nous avons quitté Nice, le samedi 25 avril à huit heures 22 du matin, pour venir reprendre à *Gênes* la suite de nos billets circulaires, n'ayant pas prévu cette excursion lors de notre départ d'Orléans, auquel cas nous aurions choisi l'itinéraire par le *mont Cenis* à l'aller, Vintimille et Marseille au retour, qui nous aurait mieux convenu que l'autre et nous aurait évité un double parcours à nos frais ; mais croyant aller à Naples, et n'avoir point ainsi le temps de nous arrêter à Nice, il m'avait semblé inutile d'y passer. Nous nous sommes trouvés au départ en une société peu agréable, des dames surchargées de colis et de bouquets ou plutôt de brassées de roses qui exhalaient une très suave mais trop pénétrante odeur ; seulement, toujours, on change de voiture à Vintimille, tout ce monde et ses fleurs se logèrent fort heureusement ailleurs, et après une journée qui nous sembla longue, malgré le charme de la route, à six heures et demie, nous étions à Gênes, installés comme l'an dernier à l'hôtel d'Italie et Croix-de-Malte.

Nous devions de là aller gagner Paris, et même Orléans, aussi directement que possible, sans autres arrêts que ceux qui seraient nécessaires pour les repas ; le dimanche 26 avril, nous sommes donc partis de Gênes à 2 heures 45, et nous étions à 7 heures 15 à *Turin*, où nous avons dîné au buffet. A 8 heures 30 du soir, nous nous sommes remis en route, à minuit nous traversions le mont Cenis, et à 8 heures, le lundi 27 avril, nous nous arrêtions à Mâcon pendant 45 minutes, fort à propos pour le café du matin. Nous avions

maintenant un véritable express, au lieu du train, dé-
coré de ce titre, mais n'en ayant guère que le nom, qui
nous avait amenés de Turin; aussi, après un nouveau
repos de 26 minutes à Dijon, vers onze heures, pour
déjeuner (à ces haltes, d'une durée raisonnable, et aux
buffets bien organisés de la ligne de Lyon, nous voyions
bien que nous n'étions plus maintenant en Italie), à
5 heures 45 du soir, nous descendions de voiture à
Paris, à la gare du boulevard Mazas.

Je m'étais arrangé, on le voit, pour que ce long parcours se fît dans des conditions inverses de celles de
l'an dernier, c'est-à-dire de nuit, de *Turin* à *Culoz*,
et de là à Paris, pendant le jour, afin que nous le con-
nûssions tout entier; mais, dans mes récits précédents,
j'en ai décrit déjà une partie notable, et le résumé
même sommaire du surplus m'entraînerait trop loin
sans grand intérêt pour mes lecteurs. Je m'en dispen-
serai donc. Nous avons dîné au buffet de la gare d'Orléans, très chèrement comme toujours, et, le soir
même, par le train de 7 heures 40, nous sommes rentrés chez nous, car, ce qui m'arrive rarement, j'avais
épuisé mon congé jusqu'à sa limite extrême. Je devais
siéger le lendemain mardi, et, après 1,100 kilomètres
parcourus d'une seule traite, ce n'était pas trop d'une
nuit de repos, pour me mettre en état de le faire.

8 octobre 1885.

LES VOSGES

(AOUT-SEPTEMBRE 1885)

De Paris à Troyes.

Une distraction dont on a eu le tort de contracter l'habitude ne tarde pas beaucoup à devenir un besoin impérieux, et c'est alors une privation cruelle de ne pouvoir la goûter, quand arrive l'heure ou l'époque à laquelle on s'est accoutumé à compter sur cette diversion aux exercices de la vie ordinaire. Ce sentiment pénible je l'avais trop vivement éprouvé aux vacances dernières, pour ne pas espérer qu'il me serait donné de m'en dédommager cette année, malgré le voyage fait dans l'intervalle, à Pâques, et dont, chers lecteurs, vous avez pu lire le récit, en tête de ce volume, où je l'ai placé par respect pour l'ordre des dates, bien qu'il n'ait pas été écrit le premier. Car, et vous me permettrez ici une digression, j'ai agi cette fois, non pas en homme raisonnable, mais comme un écolier qui court de suite au plus facile, ce n'est pas là ma méthode ordinaire, je vous prie de le croire ; mais j'ai pensé que mes souvenirs d'Italie étant déjà lointains pourraient bien rester quinze jours de plus à vieillir dans ma mémoire, que

6

les autres au contraire étant encore tout frais, il serait
sage de ne point les laisser s'effacer, que, chez moi, au
surplus, je ne sais pas ailleurs, la rédaction étant un
peu affaire d'entrainement, le sujet le plus délicat, mes
impressions à Rome, ne pourrait que gagner à être
traité le dernier, ce qui ne ferait sans doute pas que
cette partie de mon livre vaille jamais grand chose, et,
maintenant que vous l'avez lue, je crains bien que,
malgré votre indulgence, vous ne partagiez mon appréciation ; seulement, pour ne pas vous influencer,
j'ai tenu à ne vous la dire qu'après. Mais un mot
encore, si vous le voulez bien. Peut-être, sans avoir
égard à la question chronologique, aurais-je mieux fait
de vous offrir les deux récits dans l'ordre inverse,
comme je les ai composés, de peur que, venant après la
description de la Ville Éternelle, si insuffisante qu'on
l'ait trouvée, les pages qui vont suivre ne présentent
moins d'intérêt ; mais vos esprits excellents sauront, je
l'espère, conserver à chaque ouvrage le caractère qui
lui est propre ; et au ton grave, à l'allure un peu sévère
de l'un, succédera, avec quelque avantage, le tour plus
vif et plus léger de l'autre. Ceci expliqué, je ferme la
parenthèse, et je continue ma préface.

Je disais donc que mon voyage d'Italie n'avait pas
calmé chez moi le désir d'en entreprendre un autre ;
mais les frais de ce premier déplacement avaient sensiblement écorné, pour ne pas dire épuisé, les fonds con-
sacrés dans mon budget domestique, au chapitre de la
villégiature, et bien qu'en droit, je fusse le maître de
m'ouvrir à moi-même un crédit extraordinaire illimité,
si cette allocation avait dépassé un chiffre raisonnable,
le père de famille n'aurait point hésité à protester

contre cet abus auprès du chef de la communauté, et, je me hâte de l'ajouter, il aurait facilement obtenu gain de cause. J'étais ainsi limité dans le choix de mon itinéraire, et dès lors, j'avais songé soit à une excursion sur les côtes de Bretagne, soit à une tournée dans les Vosges. Mais autant m'aurait plu un séjour en commun sur une plage quelconque, au Pouliguen, par exemple, ou aux alentours, quelques pensées amères qui, malgré les années écoulées, n'eussent pas manqué de s'y réveiller en nous, au souvenir du pauvre et cher Maurice, autant je craignis que, dans les conditions où il nous était possible, le voyage ne nous semblât bientôt par trop monotone, je jugeai donc qu'il valait mieux laisser de côté les grèves un peu tristes de l'Océan Breton.

D'autre part, je redoutais qu'après les aspects grandioses des paysages alpestres, les Vosges ne nous apparussent assez vulgaires, et qu'en résumé ce ne fût là pour nous, comment dirais-je mieux autrement, et pourquoi ne pas appliquer à mon humble sujet une expression déjà célèbre, récemment employée dans un ordre d'idées bien différent, mais qui néanmoins semble trouver ici sa place, d'autant mieux qu'elle émane d'un enfant du pays, que ce ne fût là un voyage de pot-au-feu. A travers donc ces irrésolutions, dont mon fils aîné ne se gêna pas pour rire à nos dépens (il devrait cependant en avoir pris son parti, puisque suivant lui, c'est chaque fois la même chose), au milieu de ces incertitudes flotta, durant plusieurs jours, mais par bonheur, sans sombrer, tout comme le vaisseau allégorique de la ville de Paris, *fluctuat nec mergitur*, le frêle esquif qui portait nos projets, et le jour de départ approchait sans que rien fût encre résolu.

En vain j'avais donné à Louis voix au chapitre, impossible d'obtenir qu'il se prononçât, tout ce que je déciderais serait bien : heureux les caractères ainsi faits, pour eux et pour les autres ; ils sont précieux, dans les circonstances où il faut que président un certain esprit suite et la direction d'un seul, en voyage, par exemple, mais il faut convenir qu'ils jettent dans un cruel embarras ceux qui, s'ingéniant à leur être agréables, voudraient prévenir leurs désirs, et deviner leurs préférences. J'ignore encore, à l'heure qu'il est, quelles étaient celles de mon fils, et si le choix que j'ai fait s'est trouvé d'accord avec elles ; mais il a toujours montré une bonne humeur si constante que j'ai la confiance que, si le parti auquel j'ai fini par m'arrêter n'était pas celui qu'il aurait souhaité, il l'a du moins bravement accepté, et n'a pas eu à s'en repentir ; tant pis pour lui, au surplus, s'il en a été autrement, une autre fois, il n'aura qu'à parler. C'est donc pour les Vosges que je me suis décidé, sur les conseils d'un parent, plein d'obligeance, qui en arrivait, et m'a donné l'assurance que je n'aurais qu'à me féliciter de l'avoir suivi. Il est vrai qu'il n'était jamais allé en Suisse, et, à ce titre, son témoignage pouvait me sembler suspect ; mais moi qui ayant vu les Pyrénées et les Alpes suis à présent en mesure de faire la comparaison, je ne crains pas d'affirmer que, même après celles-ci, les Vosges ont encore leur mérite ; je vous engagerai donc vivement, chers amis, à feuilleter après moi ces nouvelles pages du grand livre de la nature, et la suite de ce récit, viendra, je l'espère, à l'appui de ce que j'avance. Assez souvent je vous ai entraînés à l'étranger à ma suite, cette fois du moins, c'est un

coin de la France que nous visiterons ensemble et
auquel nous devons porter d'autant plus d'intérêt que
devenu maintenant notre extrême frontière, il est le
plus exposé aux coups de l'ennemi. Ainsi se trouvera
complétée une série de publications que je désirais pouvoir couronner par ce douzième petit livre ; et, comme
ce serait une témérité de ma part, que d'en commencer
une autre, j'aurai pris congé de vous, par deux sujets
éminemment dignes d'un écrivain et de lecteurs français et catholiques, Rome, et nos provinces de l'Est.

La Compagnie met à la disposition des touristes
pour l'excursion dont il s'agit, pendant la saison d'été
des billets circulaires au départ de Paris, ayant quinze
jours de validité, au prix de 85 fr. en première classe,
et 65 fr. en deuxième : on part ou l'on revient indif-
féremment par la ligne de Troyes ou par celle de
Nancy, et de là on va de l'une à l'autre, en longeant la
chaîne des Vosges, et s'engageant dans leurs différentes
vallées, comme on le verra plus loin. Ayant l'intention
de m'écarter un peu de la direction prescrite, je me
demandai si j'avais un véritable intérêt à prendre ces
coupons, et si deux semaines me suffiraient, mais
tous comptes rigoureusement faits, j'acquis la certitude
que je pouvais me faire à moi même sur ces deux questions une réponse doublement affirmative, et, dès lors
je n'avais plus qu'à chercher lequel je devrais suivre
des deux itinéraires.

La combinaison consistant à partir par Troyes
m'avait d'abord paru préférable, comme nous permet-
tant de voir en passant cette ville importante, qu'on
m'avait présentée comme valant une visite ; je tenais,
d'ailleurs à faire de jour le trajet, que, bien des fois

6.

déjà nous avions effectué, mais toujours au milieu des
ténèbres, afin de savoir au moins quelle était la nature
du pays que nous traverserions. Nous devions donc,
pour nous éviter au début du voyage le petit ennui
d'aller coucher à Paris, quitter Orléans par l'express
du matin, et prendre ensuite à la gare de l'Est, à midi
cinquante un train omnibus fort long et ennuyeux, il
est vrai, m'a dit comme le sachant par expérience le
parent dont j'ai parlé déjà, mais qui avait l'avantage de
nous déposer, juste à l'heure du dîner, à Troyes, où
nous serions alors restés jusqu'au lendemain matin.

Mais j'ai l'habitude, quand je me mets en route, de
scruter l'horizon, presque avec autant de soin qu'avant
de lever l'ancre un navigateur doit rechercher si les
brumes qui flottent sur l'Océan ne dérobent pas à ses
yeux perçants quelque orage prochain. D'aucuns m'en
blâmeront peut-être, et trouveront que c'est pousser
un peu loin l'esprit de prévoyance, c'est possible,
mais comme je me suis généralement bien trouvé déjà
de cette méthode, je ne vois pas pourquoi je ne conti-
nuerais pas à la pratiquer. Encore une fois donc, je
réfléchis, et je me souvins que nous étions en pleine
session des Conseils généraux. Or ce n'est pas impu-
nément, pour les voyageurs étrangers, oiseaux de passage, qu'on ne tient pas autrement à ne pas mécon-
tenter, que les hôtels d'une ville, même de l'importance
de Troyes, ont à loger trente ou quarante personnages
aussi considérables que les membres de nos assemblées
départementales, propriétaires de la localité, clients
attitrés de la maison, aussi longtemps du moins qu'il
plaira au suffrage universel de leur conserver leur
mandat, et que comme tels on a tout profit à satisfaire

de préférence, sans compter les candidats ou conféren-
ciers de toutes nuances, que l'approche des élections
pouvait lancer sur les grandes routes. Il fut donc décidé que le chef-lieu du département de l'Aube serait
encore une fois sacrifié, que nous coucherions à Paris,
et que, le lendemain matin, par le rapide de huit
heures vingt-cinq minutes nous irions jusqu'à Troyes,
mais seulement pour y déjeuner.

C'est ainsi que le jeudi 20 août, en retard d'un jour
sur notre programme, à raison d'un commencement
malencontreux de rhume qui m'était survenu, lequel
heureusement resta à l'état de menace, nous nous
sommes mis en route par le train de une heure quarante minutes qui, ce jour-là, par une amabilité que,
parait-il, il a de temps en temps, daigna nous conduire
directement à Paris sans transbordement aux Aubrais.
La Beauce achevait de dépouiller ses champs de leurs
récoltes de qualités très inégales cette année, et qui ne
sont pas de nature à aider l'agriculture à se relever de
ses ruines ; puis nous fîmes en approchant de Paris,
entre la Seine dont nous voyions les eaux toujours à
peu près aussi abondantes, malgré la longue période
de sécheresse que nous venions de subir, et la Loire,
dont nous aurions pu, deux heures auparavant, franchir le lit presque à pied sec, une comparaison peu
flatteuse pour celle-ci, et, vers cinq heures, nous arrivions à la gare de l'Est, dans le char numéroté d'un
cocher, devenu subitement grincheux en constatant
que nous n'étions pas ce qu'il avait cru tout d'abord,
des provinciaux novices, ignorants du tarif.
Il était convenu que nous irions coucher dans un

des nombreux hôtels du voisinage; nous choisîmes
donc un peu sur l'étiquette du sac, l'un d'eux, l'hôtel
de Bâle, rue de Metz, côté de l'arrivée; et en y entrant,
je craignis un moment que la réclame par laquelle
cette petite maison se recommande spécialement dans
l'Indicateur : *Propreté exceptionnelle*, ne fût un auda-
cieux mensonge. Tout se passa bien cependant, si ce
n'est que nous avons fort peu dormi à cause du bruit,
avec cette différence toutefois, — détail palpitant d'intérêt qu'en narrateur consciencieux et fidèle je ne dois
pas manquer de signaler, — que pour moi dont la
chambre donnait sur la rue, en face de la station des
voitures, ce fut le tapage du dehors qui m'interdit de
fermer l'œil, tandis que Louis, dont l'appartement
était sur la cour, en fut surtout empêché par le va-
carme qui se fit dans l'hôtel : ceux de mes lecteurs qui
seraient tentés d'aller, eux aussi, à l'hôtel de Bâle,
sauront ainsi à quoi s'en tenir et ils auront le choix
entre les deux manières de ne pas dormir de la nuit.
J'oubliais de dire, qu'auparavant, au lieu de prendre
au guichet de la gare nos billets circulaires, nous étions
allés les chercher chez l'excellent M. Lubin que nous
avions eu le plaisir de rencontrer, et avec lequel nous
avions échangé une agréable causerie d'une demi-
heure.

N'ayant le lendemain matin que la cour de la gare à
traverser pour monter en wagon, nous n'eûmes pas de
peine à être exacts. Donc à huit heures vingt-cinq minutes nous nous mettions en route, ayant pour uniques
voisins de compartiment deux jeunes gens dont les
allures étaient celles d'un ménage tout neuf faisant son
voyage de noces; le mari ayant cependant déjà, au lieu

de l'empressement qui semble de rigueur en pareille circonstance, un air quelque peu rébarbatif que contribuaient à lui donner de formidables moustaches retroussées. En quittant Paris, la voie laisse à droite les usines et les entrepôts de la Villette et l'église de Belleville ; puis dépassant Pantin et Romainville, elle arrive à Noisy-le-Sec où se détache à gauche la ligne d'Avricourt, par laquelle nous aurions à revenir dans quinze jours. Viennent ensuite Rosny-sous-Bois et la station de Nogent, au sortir de laquelle on franchit la Marne divisée en plusieurs bras, sur un viaduc de 830 mètres soutenu par trente-quatre arches, ouvrage imposant, qui par lui-même mérite une mention particulière, en même temps qu'il permet d'embrasser d'un seul regard, au passage, une vallée splendide.

Puis au moyen d'une tranchée de plus de 4 kilomètres, le railway gagne le plateau de la Marne et à Ozouer il dessert alors Ferrières, où se trouve le magnifique château de la famille Rothschild. Laissant ici à droite une autre habitation, propriété d'un prince de la finance, encore celle-là, le château moderne de M. Péreire, on traverse une épaisse forêt et l'on fait un arrêt de cinq minutes à Gretz-Armainvilliers, l'une des stations principales de la banlieue de Paris, dont bientôt après on atteindra le terminus à Longueville, laissant successivement à gauche les deux embranchements de Coulommiers et de Provins. La voie est désormais exclusivement la grande ligne de Bâle et elle ne tarde pas à rencontrer la Seine qu'elle suivra pendant quelque temps pour en remonter le cours d'abord à gauche, puis à droite ; on entre alors dans la Champagne *crayeuse* : à part un peu de verdure et les arbres qu'entretient le voisinage de la rivière, les plaines se succèdent, nues et arides, plates et monotones ; la rapidité du train soulève des nuages de poussière, dont nos vêtements et les coussins de la voiture sont bientôt souillés, et c'est ainsi que coupant au passage la ligne qui de Châlons-sur-Marne aboutit à Orléans, nous faisons halte enfin sous la gare de Troyes.

Il était onze heures cinq minutes ; afin de nous ménager plus de temps pour déjeûner davantage à notre aise, j'avais eu la pensée de laisser là notre rapide pour reprendre vers midi un autre express ; mais nous étions si bien installés, chacun dans notre coin, qu'il nous coûtait d'abandonner la place. L'horaire annonçait vingt-quatre minutes d'arrêt réglementaire, et l'on était légèrement en avance, le buffet semblait bien organisé ; je proposai donc à mon compagnon d'en profiter et de ne changer de train qu'un peu plus loin, à Chaumont, ce qui nous y permettrait une heure de séjour ; nous en serions quittes pour manger un peu plus vite. Louis, toujours accommodant, accepta volontiers ; et ainsi, nous asseyant à la table d'hôte, convenablement et prestement servie, nous eûmes largement le temps d'y déjeûner. Une bonne note donc au buffet de Troyes qui, pourtant, paraît-il, n'est pas tout à fait un des mieux famés de la ligne : un seul plat nous satisfit moins que le reste, un roastbeef tellement dur que, commettant un abominable jeu de mots pour lequel j'implore d'autant plus le pardon de mes lecteurs, qu'en le reproduisant ici je me mets en état de récidive, je me demandai si ce n'était pas un morceau du filet du fameux cheval de Troie.

De Troyes à Belfort et Remiremont.

A onze heures trente minutes, le train se remettait
en marche, et un coup d'œil rapidement jeté au passage sur la ville ne nous donna pas lieu de regretter de
ne point nous y être arrêtés, car l'aspect général en
flatte peu le regard. Le *guide* Conty signale cependant
plusieurs églises assez remarquables, des rues tortueuses, mais pittoresques, et d'intéressants souvenirs
de presque toutes les époques de notre histoire, depuis
le pillage dont, menacée par Attila, son évêque saint
Loup parvint à la préserver, jusqu'aux événements de
guerre qui s'y passèrent en 1814. A peine a-t-on quitté
Troyes qu'on franchit une dernière fois la Seine, qui
s'éloigne alors vers la droite, et si ce n'est l'Aube, que
l'on traverse à plusieurs reprises, de Bar, petite ville
de 5,000 habitants, située sur cette dernière rivière,
dont on aperçoit les clochers à quelque distance, à
Clairvaux, dont le nom rappelle aujourd'hui surtout la
maison centrale de force et de correction qui y occupe
les anciens bâtiments de l'abbaye, c'est encore au milieu de plaines sans intérêt, que notre train laissa rapidement derrière lui, en une heure et demie, et d'un
seul bond, les 95 kilomètres qu'il y a de Troyes à
Chaumont.

Mais tout près de cette dernière ville, la scène
change, et entre deux collines s'ouvre une profonde
déclivité, la vallée de la Suize, sur laquelle on a hardiment lancé pour le service du railway un viaduc

gigantesque de 600 mètres de longueur, que soutiennent trois rangs d'arcades superposées, celles de l'étage supérieur au nombre de cinquante. Du sommet toutefois de cet admirable ouvrage, on ne s'en rend compte que très imparfaitement : pour le voir dans toute sa splendeur, il faut le contempler de sa base, et ayant lu dans M. de Conty qu'il suffit pour cela, en suivant la route à gauche, au sortir de la gare, de quinze minutes de marche, c'est pour jouir de ce magnifique coup d'œil que j'avais proposé à Louis de déjeûner un peu plus prestement à Troyes, et de fait nous aurions eu grand tort de ne pas nous imposer un aussi petit désagrément, pour un monument qui sans aucun doute est digne de figurer parmi les plus hardis qu'ait enfantés le génie moderne. Le viaduc de Chaumont en est d'ailleurs la vraie curiosité, et le peu que nous avons vu de cette localité nous a semblé justifier ce qu'en dit l'auteur de notre *Guide :* une petite ville propre et coquette, de 12,000 habitants environ, assez irrégulièrement bâtie sur un escarpement de 324 mètres d'altitude, ayant de jolies promenades, et une église d'un certain mérite, sous le vocable de Saint-Jean-Baptiste : c'est en vain qu'on voudrait y chercher autre chose.

Quand nous fûmes de retour à la gare, le train qui nous avait amenés était déjà bien loin ; mais à 2 heures 05 arriva à son tour celui sur lequel je comptais, et il nous emporta à la suite du premier, un peu moins lestement, mais à une allure assez rapide encore, puisqu'une demi-heure plus tard nous étions à Langres, à 35 kilomètres de là, et en apercevions à droite les clochers. J'aurais bien voulu qu'une courte halte nous eût été possible dans cette petite ville, in-

téressante à plus d'un titre, puisqu'en même temps
que sa situation en a fait une place de guerre de premier ordre, et permet de découvrir du sommet de ses
remparts un très beau panorama, et de se rendre
compte de la position stratégique de cet important
boulevard de nos frontières de l'Est, qu'entourent de
tous côtés des forts détachés, couronnant les cimes
élevées des environs, elle est curieuse à visiter pour
quelques monuments remarquables, parmi lesquels sa
cathédrale dédiée à saint Mammès. Il nous eût été facile même d'y coucher, et d'en repartir directement le
lendemain pour Remiremont. Mais je croyais me souvenir que non seulement Langres est à une certaine
distance de la voie ferrée, mais à un niveau supérieur
à celle-ci de plusieurs centaines de mètres ; je ne
m'étais pas trompé, puisque si la ville est à vol d'oi-
seau tout près de la gare, la côte pour y monter est si
roide qu'il y a près de deux kilomètres à faire à pied,
et quatre en voiture, et je ne voulais pas pour quelques
heures me lancer à propos d'un intérêt secondaire
dans une expédition aussi compliquée. J'ignorais qu'un
embranchement de 6 kilomètres relie actuellement la
localité à la station, Langres-Ville à Langres-Marne,
et que de nombreux trains de correspondance mettent
en communication l'une et l'autre.

Le terrain était maintenant très accidenté, et c'est à
travers plusieurs tunnels, pratiqués dans les collines
qui séparent le bassin de la Marne de celui de la Seine,
que nous atteignîmes tour à tour des villages, sans importance par eux-mêmes, mais devenus des gares considérables, à raison des tronçons transversaux qui s'y
détachent de la ligne principale, à Culmont-Chalindrey,

7

d'un côté à droite, sur Dijon et Besançon, et de là sur Lyon et Marseille, de l'autre côté à gauche, sur Contré-xeville et Vittel, et ensuite à Vitry, sur Bourbonne-les-Bains. Puis le pays redevient plus plat ; on chemine au milieu de verdoyantes prairies, qu'arrose un petit cours d'eau, l'Amance, et ainsi l'on arrive à Port-d'Ate-lier, où se soude au railway l'une des deux fourches que forme en y aboutissant l'embranchement d'Épinal, l'autre ayant son point d'attache à Lure, quarante kilo-mètres plus loin. Aussi les billets circulaires laissent-ils le choix, ou de gagner directement les Vosges par cette station de Port-d'Atelier, ou de continuer jusqu'à Bel-fort, pour revenir ensuite sur ses pas vers Lure, et se diriger alors de là à Épinal.

Aller à Belfort, que nous connaissions, m'avait sem-blé un retard inutile ; mais il nous eût fallu autrement coucher à Épinal, et je redoutais de trouver dans cet assez modeste chef-lieu des hôtels encombrés de conseil-lers généraux, peut-être même de personnages poli-tiques importants, — ou appelés à le redevenir. — J'avais donc imaginé d'aller dîner et passer la nuit à Lure, pour en repartir le lendemain matin. Au dernier moment toutefois je me demandai si nous aurions dans cette très humble sous-préfecture autre chose qu'un gîte un peu trop primitif ; le *Guide* recommandait bien un hôtel de la Cigogne, avec d'alléchantes promesses ; mais que serait la réalité ? Je ne savais point alors qu'il y a aussi à Lure une certaine maison, sous le vo-cable du *Plat-d'Étain*, dont depuis on m'a dit beau-coup de bien, et, pour l'avouer en passant, je suis comme l'excellente personne, — la femme d'un de mes plus vieux et meilleurs amis, — qui m'a donné ce ren-

seignement, malheureusement trop tard pour que j'aie
pu en profiter : oui, j'aime ces sortes d'enseignes, et le
panneau en fer-blanc peint qui les annonce et souvent
les représente, et suspendu à l'extrémité d'une grande
potence, au-dessus de la porte, se balance en grinçant
au gré du vent, tout cela n'est point rare encore dans
les Vosges ; sur la foi de ces images naïves, on entre
avec plus d'assurance, et presque toujours on n'a qu'à
s'en féliciter.

Mais pardon de cette digression, et je reviens à mon
récit. Or, à la défiance que m'inspirait l'hospitalité de
Lure s'ajouta chez Louis un certain désir de revoir
Belfort : il fut donc décidé que nous userions complètement des avantages de nos billets circulaires. Ce ne fut
ainsi pas seulement Port-d'Atelier que nous avons laissé
en arrière, mais ensuite Vesoul, puis Lure, bien entendu. Nous rapprochant ici de plus en plus de l'extrémité des Vosges à gauche, et commençant à découvrir à
droite les cimes du Jura, nous avons pénétré dans une
riante vallée ; débouchant alors, au sortir d'un tunnel,
dans une plaine à l'extrémité de laquelle se dresse la
base du ballon d'Alsace, nous avons longé un vaste
étang, et, suivant le cours de la Savoureuse, qui coule à
Belfort, à six heures nous descendions de voiture, sous
la gare vitrée de cette unique sous-préfecture qui nous
soit restée de l'ancien département du Haut-Rhin.

L'hôtel de l'*Ancienne Poste*, où sur la recommandation qui m'en avait été faite nous avons été prendre
gîte, méritait-il bien cette préférence, et n'aurions-nous
pas au contraire été mieux inspirés en nous en tenant
tout simplement à l'hôtel *Lapostolet*, où déjà nous

étions descendus ? Je n'en sais trop rien : c'est une grande maison assez chère, très fréquentée, dont le maître a une allure allemande qui déplaît, surtout à Belfort ; la salle à manger est fort belle ; mais j'y aurais autant aimé moins de luxe, et comme couronnement du dîner un entre-mets quelconque, lequel faisait complètement défaut, malgré la présence aussi fallacieuse qu'inutile d'une cuiller à dessert, traîtreusement disposée à côté des autres couverts : ce procédé d'ailleurs semble assez usité dans les hôtels de l'Est, et plusieurs fois nous l'avons constaté. J'ai déjà eu occasion de parler de Belfort : comment n'en pas redire cependant quelques mots ? Ce n'est pas qu'en elle-même la ville ait quoi que ce soit d'intéressant ; quelques rues en composent l'enceinte, et l'on n'y trouve guère qu'un monument, l'église Saint-Christophe ; encore est-ce une construction sans caractère, lourde et massive, en grès rouge, surmontée ou plutôt écrasée de deux tours sans élévation, comme pour donner moins de prise aux projectiles : tout cela tellement épais qu'on le dirait bâti à l'épreuve de la bombe ; au-dessus se dresse la muraille de rochers que couronne le château, et dans les flancs de laquelle Bartholdi a sculpté le fameux lion de Belfort ; sur la place d'Armes est depuis l'année dernière une autre statue, le fier groupe de Mercié, *Quand Même*, une femme dans une attitude un peu théâtrale peut-être, personnifiant la France, et protégeant contre l'ennemi un soldat blessé.

Le périmètre bastionné de Belfort est percé seulement de trois portes, une dite de l'Arsenal, au bas de la citadelle, et deux autres. L'une de celles-ci, la Porte de France, au moyen d'un pont sur la Savoureuse, une

petite rivière presque sans eau, qui coule le long des
remparts, donne accès à trois longues avenues dispo-
sées en éventail, et qui à elles seules sont presque une
autre ville : les faubourgs de France, de Montbéliard, et
des Ancêtres, le dernier ainsi appelé à cause du voisinage
du cimetière ; là s'est porté tout le mouvement industriel, dont les étroites limites de la place forte auraient
empêché ou comprimé l'essor. La troisième porte est
celle de Brisach, et comme son nom l'indique, elle
ouvre sur la route d'Alsace : c'est dire que de ce côté se
sont concentrés tous les efforts de la défense, et bien
que tout autour de la ville, dans quelque direction que
se porte le regard, sur chacun des mamelons qui l'avoi-
sinent, il y ait aujourd'hui une quinzaine de forts détachés qui en protègent les abords, là s'élèvent les deux
principaux, dont les noms sont devenus populaires, car
tous nous les considérons avec raison comme deux des
premiers boulevards de la patrie française, la Justice et
la Miotte, celui-ci couronné de sa tour, qui domine au
loin les alentours, et entre eux une muraille qui barre
absolument le passage, et se relie de proche en proche
aux autres ouvrages, et aux hauteurs qui s'étendent à
droite et à gauche, fermant par une digue désormais
infranchissable, espérons-le, au torrent germanique, la
trouée que la nature a laissée entre le Jura et les Vosges.
Le samedi matin, avant de partir, nous sommes allés par
un temps splendide faire sur cette route de Brisach une
assez longue promenade, et nous hissant à grand'peine,
pour en redescendre ensuite je ne sais comment, si
l'idée ne nous était venue de nous laisser glisser
de haut en bas sur les pentes gazonnées, jusque sur les
sommets escarpés où sont assis les deux forts, nous

avons embrassé du regard l'ensemble de la ville
et les plaines de l'Alsace qui s'étendent à ses pieds,
malheureusement sans faire bien loin partie de son territoire, car à quelques kilomètres seulement a été
tracée la frontière franco-allemande. Nous avons en
même temps salué respectueusement au passage une
enceinte funèbre, où sous la pierre d'un monument
élevé à leur mémoire, dans le genre de notre obélisque
de la Sablière, mais disons-le, à la fois avec tristesse et
à notre honneur, moins bien entretenu, dorment du
dernier sommeil les victimes du siège, 1,600 jeunes
mobiles : heureux du moins ceux-là, comparativement
à tant d'autres, et leur héroïsme n'aura pas été tout à
fait inutile, car leurs ossements déjà blanchis reposent
dans une terre française ! La veille au soir, puisque
nous en sommes aux impressions militaires, et dussé-je
être taxé de chauvinisme, nous n'avions pu entendre
sans une certaine émotion, dans les rues de Belfort, la
retraite, battue et sonnée avec leur entrain accoutumé
par nos petits lignards, sur ce lambeau de la France
arraché avec tant de peine, par le patriotisme inspiré
d'un grand homme, à la rapacité non moins intelligente
de nos envahisseurs.

Nous avons quitté Belfort le samedi 22 août à midi,
et rebroussant chemin, nous avons repris jusqu'à Lure
notre route de la veille, pour de là nous diriger ensuite
sur Remiremont. Le tracé est alors fort joli : pratiqué constamment sous bois, à travers d'épais taillis, il
arrive d'abord à Luxeuil, mais pendant les quelques
minutes d'arrêt du train, à l'élégante gare toute neuve
de cette station balnéaire, nous dûmes nous borner à

un rapide coup d'œil sur le village dont elle se compose, situé à une assez courte distance, à l'extrémité d'une prairie verdoyante, coupée de canaux d'irrigation, dans un cadre de forêts magnifiques, où les excursions intéressantes ne sont point rares, paraît-il. Or, il nous fallait faire un choix, et nous n'avions à nous arrêter ni à Luxeuil, ni à Bains, un autre endroit que nous allions rencontrer un peu plus loin, également renommé pour ses sources thermales, mais celui-là, du moins, nous n'aurions pas le regret de l'entrevoir sans pouvoir y faire halte, car le bourg est à quatre kilomètres de la station, et si bien caché, qu'il nous a été impossible d'en découvrir le moindre vestige.

Aillevillers, que l'on atteint alors, est le point où aboutissent les deux embranchements de Plombières et du Val d'Ajol ou Faymont ; nos coupons nous y donnaient droit ; mais on nous avait vivement engagés à faire de préférence de ces deux localités l'objet d'une excursion spéciale à nos frais, au départ de Remiremont. Continuant donc notre route, sous la pluie qui, trop tôt pour nous, se mettait en devoir de succéder à la longue sécheresse dont avaient souffert ces pays comme les nôtres, nous avons pris immédiatement à Aillevillers le train allant sur Épinal et y arrivant à trois heures. L'itinéraire tracé sur nos billets nous interdisait, une fois au delà d'Épinal, d'y retourner, si ce n'est au cas où, suivant la liberté qui nous était laissée, nous aurions préféré de là nous diriger directement sur Nancy, par Charmes et Blainville-la-Grande ; mais nous devions nous en bien garder, et je doute qu'aucun voyageur fasse autrement, le second parcours, par Gérardmer, Saint-Dié, Lunéville et Nancy, étant bien

plus avantageux. Toutefois il n'entrait pas dans mes
combinaisons, en prévision des difficultés résultant du
défaut de concordance des trains, de m'arrêter quant à
présent à Épinal, et j'avais décidé que nous y reviendrions un peu plus tard à nos frais. A trois heures et
demie, nous repartions donc d'Épinal, et une heure plus
tard nous étions à Remiremont, après un parcours ra-
vissant que je ne puis me dispenser de décrire en quelques mots.

Nous étions venus d'Aillevillers à Épinal par un
chemin délicieux, établi à mi-côte et de là dominant la
vallée; le railway de Remiremont emprunte d'abord
cette voie, puis il s'en détache, et descendant au
niveau de la Moselle, il en cotoie la rive gauche. Un
petit bourg sans intérêt, Dinozé, est une première station ; puis c'en est une autre, plus importante, comme
étant le point de jonction de la ligne que nous suivions
avec celle de Gérardmer et Saint-Dié, Arches. Dans
le village, à gauche de la gare, est une papeterie considérable fondée par Beaumarchais : là, détail que moins
qu'un autre je ne saurais passer sous silence, se fabrique aujourd'hui tout le papier timbré que débite
l'État ; en face, c'est-à-dire à droite du chemin de fer,
est pittoresquement assis le petit hameau d'Archettes.
On continue alors à remonter la rivière, au milieu de
prairies où elle s'épanche en de nombreuses rigoles,
entre deux rangées de collines assez élevées, qui se
rapprochent de plus en plus, laissant de l'une à l'autre
de moins en moins de largeur entre deux sombres
rideaux de sapins. Nous sommes en effet déjà en plein
dans les Vosges, et de là jusqu'à Saint-Maurice, nous
en remonterons l'une des plus belles vallées.

Remiremont. — Saint-Maurice. — Bussang.

Aujourd'hui, nous n'allions qu'à Remiremont : nous nous y arrêtâmes donc, et confiant à l'omnibus notre valise, nous arrivâmes sans difficulté, en suivant une large avenue, le boulevard Thiers, à l'hôtel du Cheval-de-Bronze, qui nous avait été indiqué. Il n'y avait point de chambre à deux lits disponible; mais l'hôtesse, Mme Fleury, une brave femme, sans prétentions, nous annonça que dans l'appartement, très convenable d'ailleurs, qu'elle nous proposait, on dresserait un lit pour le *petit garçon* et que de la sorte tout serait pour le mieux. Je lui fis observer que celui qu'elle apdelait ainsi pouvait, à son âge, passer pour un jeune homme, et que je n'entendais pas qu'il en fût à Remiremont, comme un jour, ou plutôt une nuit, à Cologne, chez M. Metz, au Domhof, où, sous prétexte de couchette, on avait installé pour le pauvre Louis un canapé qui avait été pour l'infortuné un véritable lit de Procuste; on me protesta qu'il y serait très bien, et, en effet, je n'eus pas à m'en plaindre.

C'est là, du reste, un des charmes d'un voyage dans les Vosges, qu'il n'est pas rare d'y trouver, à la place d'hôtels où le voyageur est à l'état de colis, mais de colis payant, de la présence duquel on ne semble daigner se souvenir qu'alors qu'il s'agit d'acquitter la note, des maisons où la maîtresse s'occupe de son monde, demande le matin si l'on a bien dormi, s'étonne à dîner qu'on ait peu d'appétit, au besoin, ne juge pas indigne d'elle de coudre de ses propres'mains le bouton qui manque au'vêtement d'un client. Sous ces toits hospitaliers, qui tiennent à la fois de l'auberge et de l'hôtel, la patronne, qui sert à table, y fait au besoin la police : c'est ainsi qu'au *Cheval-de-Bronze*, les commis-voyageurs , — pardon, Messieurs les représentants de commerce, — qui là, comme partout, étaient en grande majorité, ayant, après l'échange de quelques-uns des propos grivois qui leur sont familiers, cru devoir aborder les affaires politiques et les questions de personnes (et dans les Vosges, on devine lesquelles), puis, ayant entamé le chapitre des sociétés de tir, de gymnastique et autres, qui, suscitées dans l'Est par l'instinct de la défense, ont de là pullulé comme on sait, la discussion devenant un peu vive , la digne Mme Fleury intervint et rappela à plus de calme ses convives, qu'elle connaissait tous par leurs noms et prénoms. Et comme il n'y a point encore dans les Vosges de ces touristes cosmopolites qui sèment à pleines mains l'or et l'argent sur leur passage, la vie jusqu'à présent n'y est pas très chère ; le service et la bougie comptés à part ne sont pas connus, les gens n'ont pas de ces exigences qui se manifestent autre part ; un pourboire qui partout ailleurs serait à peine accepté, ou tout au moins reçu avec dédain, rend heureux un cocher, un domestique, et ils en remercient avec effusion. Mais qu'on se hâte, car une fois que Russes ou Anglais auront fait dans le pays leur apparition, adieu toutes ces choses, et dans un sens inverse de ce qui fut jadis, à l'âge d'argent d'aujourd'hui succédera l'âge d'or.

M. de Conty dépeint Remiremont sous des couleurs assez flatteuses, et maintenant Louis et moi nous

sommes de son avis. Je dois dire toutefois que notre
première impression a été moins favorable ; cela tenait
sans doute à ce que lors de notre arrivée le temps était
pluvieux, et avait répandu sur le sol une couche épaisse
de boue ; mais quand le soir le ciel se fut un peu
éclairci, lorsque surtout le lendemain dimanche le soleil
eut paru, et nous eut permis, après la messe entendue
à l'église paroissiale, une promenade sous ses rayons
bienfaisants, notre appréciation devint tout autre. Oui,
c'est une jolie petite ville, surtout quand il n'a pas plu,
que cette sous-préfecture du département des Vosges :
comptant 8,000 habitants environ, située sur la rive
gauche de la Moselle, dans une position des plus pittoresques, au pied de hauteurs boisées, elle est bien
bâtie, d'une propreté modèle ; ses rues, dont la principale est bordée d'arcades, sont larges, ornées de trottoirs et de fontaines, et arrosées par des ruisseaux d'eau
courante. En outre, elle ne manque pas d'une certaine
importance : il s'y fait un grand commerce de fromages et de bois, et des filatures considérables, des
tissages et des fonderies, sont établis dans le pays : aussi
il règne le soir à Remiremont une animation... relative. Des chasseurs à pied y tiennent garnison, et le
samedi nous avons assisté, avec quelque étonnement, à
une retraite aux flambeaux, sonnée par la fanfare du
bataillon, augmentée des musiques plus ou moins mu-
nicipales, au nombre de trois, à ce qu'il paraît, qui sont
préposées au soin d'entretenir l'harmonie dans la ville.
Nous nous demandions pourquoi ce déploiement inusité
d'instruments et d'exécutants : nous en avons eu l'explication le lendemain, en voyant la halle du marché
décorée de drapeaux et de guirlandes. C'était la solen-

nité du Comice agricole ; seulement, le culte de Cérès semble moins en honneur à Remiremont que celui d'Euterpe, puisque les ustensiles ou machines aratoires étaient au nombre de... un : aussi l'heureux engin a-t-il été admiré toute la journée par une foule idolâtre. J'ai hâte d'ajouter qu'il n'en pouvait guère être autrement, l'élément forestier étant de beaucoup celui qui domine dans l'arrondissement ; mais alors pourquoi, disaient les fortes têtes de la table d'hôte, et cette fois par hasard elles n'avaient pas tort, pourquoi y fêter l'agriculture ?

Remiremont doit son origine et son nom à un monastère d'hommes, fondé sur une montagne voisine, appelée pour cela le Saint-Mont, par un seigneur australien, Romaric, qui s'y retira en compagnie de saint Amé ; puis, ce couvent ayant été détruit, une communauté de femmes s'établit à la place en 912, et devint un Chapitre de Dames nobles, duquel date surtout la célébrité du pays. Issues des premières familles de France, d'Allemagne et de Bourgogne, les chanoinesses ne reconnaissaient, comme leur suzerain, que l'empereur d'Allemagne, et luttaient d'autorité avec les ducs régnants de Lorraine, qui, au XIIIᵉ siècle, étaient tenus de venir chaque année faire serment de défendre les droits et privilèges du Chapitre, et de protéger l'abbaye de leurs armes. L'abbesse était. princesse de l'Empire, chef de l'église et du Chapitre, et exerçait la justice sur un domaine considérable ; elle battait monnaie, levait des troupes, des contributions, et avait droit de grâce pour les criminels. Les dames chanoinesses étaient au nombre de 79, avec 10 chanoines et 3 secrétaires ; et elles ont eu à la tête de leur noble Chapitre 64 abbesses,

dont la dernière fut Louise-Adélaïde de Bourbon-
Condé, en 1786. Lorsque cette souveraine au petit
pied venait prendre possession de son abbaye, elle était
reçue comme une reine ; on allait la complimenter aux
portes de la ville, et le maire lui offrait le vin d'honneur
dans une coupe d'or. C'est aussi sur la table des Dames
du Chapitre de Remiremont qu'un chef d'office de la
Maison d'Autriche servit un jour comme dessert, pour
la première fois, ce qui est aujourd'hui le produit gas-
tronomique le plus renommé de la localité, un petit
gâteau glacé, de la forme d'un macaron, d'une pâte et
d'une saveur exquises, qui tient un rang distingué dans
la fabrication du pain d'épice, d'où le titre de nonnettes
chanoinesses qui lui est resté. Ne voulant pas être taxés
de gourmets égoïstes, nous n'avons pas manqué d'en
rapporter un échantillon authentique. Deux autres
spécialités culinaires de Remiremont sont encore des
guiches, sorte de galettes à la crême et aux œufs, et des
pâtés de truites ; mais les avis sont partagés sur le
mérite de ces derniers.

Bâti en 1750, et reconstruit en 1870, à la suite d'un
incendie, l'ancien palais abbatial sert aujourd'hui à la
fois d'hôtel de ville, de palais de justice et de bibliothèque publique ; les dehors n'en ont rien de remarquable ; mais, à l'intérieur, il paraît qu'on y retrouve
les traces de son ancienne splendeur : le vestibule et
l'escalier d'honneur ont été rétablis sur le plan primitif ; le cabinet du maire contient aussi de précieux souvenirs de l'antique Chapitre, des décorations en or et
émail que portaient les chanoinesses. La chapelle abba-
tiale est maintenant l'église paroissiale ; construite à
l'italienne, surmontée d'un clocher qui a un faux air de

minaret, c'est un édifice lourd et disgracieux à l'extérieur, mais mieux ordonné à l'intérieur, ayant notamment un maître autel fort riche, et les colonnes, les
panneaux et les lambris sont en marbre noir. Du temps
du Chapitre, se trouvaient autour de l'église de jolies
maisons, habitées par les chanoinesses, et dans l'une
desquelles, assez bien conservée, a été installée la sous-
préfecture. Près de là, aussi, s'élève un groupe scolaire important. Il faut enfin qu'il y ait à Remiremont
un certain nombre de Juifs, car on y voit encore une
synagogue.

Une promenade intéressante est celle dite du Calvaire : de petits chemins sablés aboutissent à une
plate-forme circulaire, décorée d'un très beau groupe
en bronze, de Bouchardon, le Christ en croix, ayant à
ses pieds la Vierge et saint Jean. Du côté opposé, s'étend
une autre esplanade, agrémentée, bien entendu, d'un
kiosque à musique, — car est-il aujourd'hui une localité,
si modeste qu'elle soit, qui n'ait le sien ? — sous l'om-
brage devenu un peu rare d'ormes plusieurs fois sécu-
laires, dont on a cicatrisé, par des applications de blocs
de maçonnerie, les plaies béantes, triste résultat des
ravages du temps. Et de ces deux sommets, du Calvaire
surtout, on jouit d'une vue magnifique sur la ville et
les environs : au premier plan, l'hôpital et le collège ;
plus loin, la mairie et l'église ; à l'horizon, le Saint-
Mont, et, dans un cercle de montagnes boisées, la
Moselle, que viennent de grossir les eaux de la Moselotte, sa sœur aînée, et qui coule, tantôt entre de verdoyantes prairies, tantôt sous d'épais feuillages, où elle
décrit des contours tortueux ; ainsi que de riants villages, Saint-Nabord, Saint-Étienne, Saint-Amé, grou-

pés autour de la cité de Saint-Romaric, car Remiremont
et ses environs ont pris les noms des pieux personnages
qui s'y sont réfugiés dans les premiers siècles de l'ère
chrétienne.

La suite du paysage dont je viens d'essayer une description sommaire s'est développée pour nous dans
l'après-midi du dimanche 23 août, mais, malheureusement, voilée par une brume épaisse, qui même, un
moment, s'est fondue en une pluie battante. De plus en
plus étroite et sauvage, en effet, encadrée entre deux
rangées de montagnes aux cimes d'abord boisées, et
bientôt ensuite dénudées, à mesure qu'on s'élève davantage, la vallée de la Moselle, que continue après Rem.i-
remont à remonter le chemin de fer, est avec Gérardmer
ce qu'il y a de plus attrayant dans le voyage des
Vosges. Au sortir de la gare, on traverse à deux reprises
la rivière, que plus loin on franchira encore une fois;
puis on laisse à gauche un embranchement, qui, suivant une autre vallée latérale, s'en va vers Cornimont;
on s'arrête alors successivement à des stations dont
quelques-unes ont des noms aussi durs que le granit de
leurs escarpements rocheux : Vécoux, Maxonchamps,
Rupt, Ferdrupt, Ramonchamp, Le Thillot; à droite,
deux forts, dominant les cols de la montagne, en com-
mandent les passages; et ainsi l'on atteint, à 28 kilomètres de Remiremont, le terminus de la voie ferrée,
établi, dans un site agréable, sur la rive gauche de la
Moselle, à Saint-Maurice, un assez gros village de
2,500 habitants, bien que n'ayant qu'une rue, la route
qui, par le col de Bussang, aboutit, 27 kilomètres plus
loin, à Wesserling, la dernière station du railway

allemand, lequel va lui-même par Thann se souder à
Mulhouse à la grande ligne de Bâle, une des grandes
voies de communication, par conséquent, et la plus au
sud, qui pénètrent de France en Alsace par les défilés
des Vosges : la suite de ce récit nous conduira bientôt
sur la plupart des autres.

Le nom de Bussang, que je viens d'écrire, est celui
d'un second village de 2,400 âmes, situé encore plus
avant dans la vallée, au pied de plusieurs des plus
hautes cimes des Vosges, les Ballons d'Alsace (1,256 ᵐ)
et de Servance (1,189 mètres). Aussi est-ce de là qu'on
part pour en faire l'ascension. Mais il m'avait fallu reculer devant la fatigue et la perte de temps qui en
seraient résultées pour nous : j'avais d'ailleurs l'emploi
des quinze jours seulement de validité dont jouissaient
nos billets circulaires ; et à la faveur d'une éclaircie qui,
par bonheur, se maintint tout le reste de la soirée, nous
avons profité des deux heures et demie dont nous pouvions disposer jusqu'au retour du train pour faire
uniquement presque jusqu'à Bussang, à 4 kilomètres
au delà de Saint-Maurice, une charmante promenade
que nous avons regretté de ne pouvoir prolonger encore
un peu davantage : près de là, en effet, sourdent, au
milieu d'une prairie, les sources de la Moselle, et surtout, 2 kilomètres plus loin, sont les fontaines ferru-
gineuses, au nombre de trois, qui produisent l'eau de
table, si connue et si justement estimée sous le nom
d'eau de Bussang qu'il s'en expédie annuellement en
France et à l'étranger plus de 60,000 bouteilles, sans
compter ce qui s'en consomme sur place, car les bu-
veurs commencent à y venir en assez grand nombre,
séduits par la facilité des communications ; et que

serait-ce, si, les attraits d'un voyage dans les Vosges
étant mieux appréciés, la mode s'en mêlait, la mode,
qui, faut-il le dire, règne en souveraine sur les eaux
comme sur bien des choses ? Une autre excursion assez
facile à faire, de Saint-Maurice, que je dois à mes lecteurs de leur indiquer, est celle de la vallée des Char-
bonniers, une course de trois heures, dans un site à la
physionomie agreste et sauvage, mais bien singulièrement nommé, puisque ce qu'on y rencontre, ce sont
des filatures et des fabriques de tissage et de soieries,
dont les machines sont mises en mouvement par les
petits cours d'eau qui descendent à travers la forêt des
sommets de la montagne. Plus modestes dans nos désirs, nous voulions seulement nous faire une idée d'une
des plus riches vallées des Vosges, nous réservant,
quand nous en serions à l'autre, plus splendide encore,
pour des opérations un peu plus hardies, et à six heures
nous rentrions à Remiremont, plus contents de notre
après-midi que ne semblaient le présager les fâcheux
auspices sous lesquels elle s'était présentée au début.

Le Val-d'Ajol. — Plombières. — Épinal.

Nous fûmes bien plus favorisés encore, toute la
journée du lendemain lundi, pour une expédition plus
compliquée, qui, celle-là, m'avait été spécialement re-
commandée, l'excursion en voiture au Val-d'Ajol et à
Plombières, que déjà quelques mots de mon récit ont
pu faire pressentir. Je m'étais donc, la veille au soir,

sur les indications de l'excellente Mme Fleury, précautionné d'un véhicule, et pour 15 fr., un prix raisonnable, puisqu'il s'agissait de la journée entière et d'une course de 30 kilomètres, en partie par des routes de montagne, à huit heures du matin, le 24 août, notre équipage, un cheval suffisamment fougueux, attelé à une voiture légère, nous attendait à la porte, sous l'image de son congénère en métal qui sert d'enseigne à l'hôtel. Nous partîmes alors par la route de Luxeuil, et, pendant les trois heures et demie que dura le trajet, jusqu'à Plombières, les paysages les plus variés se succédèrent, nous tenant constamment sous le charme. Ce fut d'abord, au sortir de la ville, une côte escarpée, à gravir par un chemin magnifique, comme d'ailleurs ils sont partout dans les Vosges, se développant en lacets sur une longueur de 7 kilomètres, et qui nous offrit d'admirables vues en arrière sur différents aspects de la vallée de Remiremont ; le ciel était splendide ; le soleil, sans être brûlant, brillait de tout son éclat, et la pluie de la veille, en ranimant la verdure un peu flétrie par la sécheresse, ajoutait encore à sa richesse ordinaire.

Puis, la voiture s'engagea sous une luxuriante végétation forestière, une route qui serpentait sous le sombre feuillage de bois presque impénétrables de charmes, de chênes, de sapins surtout, des futaies de sapins comme on n'en voit que dans les Vosges, drus et pressés, qui, s'élançant sans la moindre déviation jusqu'à des hauteurs prodigieuses, et étagés sur le versant des collines, en reproduisent les ondulations et les pentes, par le niveau du dôme que forment leurs cimes touffues, pendant qu'au-dessous l'œil s'égare dans le labyrinthe et sous la voûte dont leurs troncs gigantesques, à l'écorce luisante, sont autant de sveltes colonnes. Parfois, l'horizon s'élargissait, et le regard embrassait une plaine découverte, dans laquelle un détachement des chasseurs de la garnison de Remiremont faisait des feux de peloton que l'écho répétait. Ou bien c'était çà et là une sorte de petite ferme, à moitié perdue dans ces vastes et silencieux espaces. Nous croisions de temps en temps ausssi des attelages de bœufs, au regard stupide, traînant des bois ou de gros blocs de grès, sur un de ces longs chariots qui annoncent le voisinage de l'Alsace, et dont les conducteurs nous saluaient avec empressement, car la politesse m'a paru être une des qualités des Vosgiens.

Le paysage s'est alors assombri : nous entrions dans une espèce de tranchée, à l'aspect solitaire et presque sauvage, la vallée des Roches : là se trouvent deux curiosités, l'une naturelle, une petite cascade, celle du Géhard, que l'on voit en passant, et à cinq minutes de là une autre, légendaire, la Pierre du Tonnerre, un énorme rocher qu'on a ainsi nommé parce que, suivant une tradition locale, quand la foudre gronde, elle se rapproche si sensiblement d'un bloc de granit qui le domine, qu'une pierre de grosseur ordinaire posée dans l'intervalle serait infailliblement broyée. Une autre chose plus intéressante serait, dans la vallée d'Hérival, les restes de l'antique abbaye de ce nom, fondée en 407, et supprimée en 1789; mais pour cette excursion, il faudrait faire un détour, et pour s'en dispenser, les cochers ont soin de prétexter le mauvais état des chemins. Puis, par un contraste frappant avec la nature plus triste qu'on vient de parcourir, se présente une vallée riante, on franchit un petit cours d'eau, la Com-

beauté ; des habitations apparaissent, des usines considérables, que met en mouvement la rivière ou la vapeur,
des scieries, des tissages, et après avoir dépassé le
hameau de Faymont, continuant à suivre la route, on
pénètre bientôt dans le Val d'Ajol, une charmante
vallée, encaissée entre deux hautes lignes de collines
couvertes à droite de pâturages, et à gauche de forêts de
sapins, au milieu desquelles les eaux claires et rapides
de la Combeauté fuient en serpentant capricieusement
jusqu'au bourg, qui est bâti à cheval sur la petite rivière. Faymont, et surtout le Val d'Ajol, sont d'ailleurs
des centres de population d'une certaine importance,
et le mouvement industriel dont ils sont le siège leur a
valu d'être une des stations et le terminus d'un embranchement spécial, qui se détache à Aillevillers,
comme celui de Plombières, de la ligne d'Épinal.

On quitte ici la route, et tournant brusquement à
droite, on se met à gravir une hauteur escarpée, à
laquelle d'épaisses forêts font une riche couronne de
verdure: ce sont les Feuillées, nom qu'on donne dans
les Vosges à des terrasses naturelles du sommet desquelles on domine le paysage d'alentour. La Feuillée
Dorothée, la première à laquelle on arrive, est une des
plus intéressantes ; cet endroit-là était jadis inacces-
sible et sauvage ; un pauvre journalier eut l'idée d'y
établir une chaumière hospitalière, que depuis ont
célébrée les peintres et les poètes, et on l'appelle
Dorothée du nom de la onzième fille de cet homme,
laquelle s'y fit une certaine célébrité, dont elle jouit
pendant plus d'un demi-siècle, par son amabilité, ses
talents de musicienne et une verve poétique, qui lui
permettait d'accueillir certains visiteurs avec des vers,

qu'elle disait à la façon antique, en s'accompagnant sur
une épinette du pays ; c'est ainsi qu'elle chanta l'Impératrice Joséphine et l'Empereur Napoléon III. La
nymphe montagnarde est morte il y a quelques années ;
mais la Feuillée Dorothée lui survit, et la perspective
dont on jouit de ce balcon naturel rivalise avec les
panoramas les plus splendides de la Suisse : elle prend
la vallée dans le sens de sa longueur, et s'étend à perte
de vue sur une série de lignes de montagnes dont les
dernières se fondent dans les vapeurs d'un immense
horizon. Tout à côté, on a construit en 1863 un petit
chalet, qui porte le nom de Feuillée Magenta. Une troisième est la Nouvelle-Feuillée, à droite, sur une émi-
nence, à la lisière de la forêt, dont elle se dégage
comme d'un océan de verdure ; c'est une maison champêtre, qui sert de salle de danse les jours de fête ; on y
monte par un escalier en pierre, et la vue qui s'étend
sur le Val d'Ajol et la vallée d'Hérival est aussi belle
que celle qu'on découvre de la Feuillée Dorothée, plus
belle même peut-être, comme étant plus centrale. On
a alors atteint le point culminant de la hauteur ; on n'a
plus qu'à la tourner, puis bientôt on descend, et l'on ne
tarde pas à être à Plombières.

Il était convenu que, sur l'indication de mon parent,
qui s'en était bien trouvé, nous déjeunerions au *Lion
d'or*, tout en haut du pays, près de l'église, et comme
précisément là s'arrêtait aussi notre attelage, tout semblait pour le mieux ; mais, quand nous arrivâmes, le
déjeûner venait de se terminer, de sorte qu'un groupe
de baigneurs étaient assis devant la porte, et prenaient
le café en faisant grand tapage : or tout cela avait si
mauvais air que Louis et moi, d'un commun accord,

nous n'osâmes entrer, et pensant qu'à la gare il y avait un buffet, nous prîmes le parti d'y aller, à l'autre bout de Plombières. Mais, ô déception ! une fois là, rien, absolument rien ; d'un autre côté, partout, la table d'hôte était finie. Il nous fallut donc bon gré mal gré revenir au *Lion d'or*, où étaient toujours les bruyants habitués, jouant aux cartes à présent ; prenant notre courage à deux mains, nous entrâmes, et là nous eûmes une preuve de plus de cette vérité qu'il ne faut juger de rien sur l'apparence, en nous trouvant dans une salle à manger très propre, où prenaient leurs repas des convives fort aimables, et il paraît que le service à prix fixe était en permanence, car pour 2 fr. 50 chacun nous fut offert un succulent déjeûner. Nous achevâmes ensuite de visiter Plombières, ou plutôt de refaire connaissance avec lui, puisque nous y étions venus une première fois, il y a quatre ans.

A deux reprises déjà, d'ailleurs, en allant à la gare et en en revenant, nous avions suivi dans toute sa longueur sa tortueuse et étroite rue Stanislas, peuplée de porte en porte de magasins où sont exposés en vente tous les bibelots possibles ; nous avons donc de nouveau passé en revue les hôtels qui y sont si multipliés, sans compter les habitations particulières qui durant la saison deviennent autant de maisons garnies à louer ; ses bains et ses buvettes, dont je ne nommerai que les établissements principaux : ici, le Bain Romain, une salle souterraine de forme elliptique, surmontée d'une toiture vitrée ; plus haut, le Bain tempéré, quatre piscines circulaires en marbre des Vosges, pouvant contenir de seize à dix-huit personnes à la fois, et de nombreux cabinets pour douches et bains en bai-

gnoires ; à côté, et communiquant par un couloir, le
Bain des Capucins, une piscine carrée divisée en quatre
compartiments pour les deux sexes ; vis-à-vis le Bain
National, quatre piscines de marbre, des cabinets de
bains et de douches et une étuve ; tout près de là, le
Bain et la Source des Dames, propriété jadis des chanoinesses de Remiremont ; à quelques pas, les Étuves
Romaines ; plus loin, et touchant presque au Casino,
bâtiment aux vastes proportions et d'une architecture
bien conçue, les nouveaux Thermes, jadis Thermes
Napoléon, immense et somptueuse construction, de laquelle l'Empereur posa la première pierre, le 22 juillet 1857, ayant une imposante et majestueuse façade,
et dont l'aménagement balnéaire ne laisse rien à désirer :
quatre piscines, cinquante-deux cabinets de bains contenant soixante baignoires et soixante-quinze douches ;
aux extrémités enfin de ce vaste édifice et en formant
gracieusement les deux ailes, les Grands Hôtels, bâtis
avec goût, et offrant aux baigneurs tout le confort ima-
ginable, et mettant en communication cet harmonieux
ensemble, un long promenoir élégamment construit.

Nous parcourûmes encore le parc, au milieu duquel
est installée la gare, charmant jardin anglais à plusieurs
étages, parsemé de bouquets d'arbres et de massifs de
fleurs, coupé par des sentiers coquets avec pièces
l'eau, cascades et ponts rustiques sur le ruisseau de
l'Angronne, qui arrose le vallon de Plombières ; la
place, ombragée de grands arbres, où chaque jour, de
trois à cinq heures, se fait entendre la musique du Casino ; la Promenade des Dames, une double avenue de
deux platanes, encadrant la route de Remiremont, au
milieu de laquelle est la buvette de la source ferrugi-

neuse, et à l'extrémité un important établissement
métallurgique, où se fabriquent des ustensiles de quin-
caillerie et de taillanderie. Nous entrâmes ensuite un
instant dans l'église, richement décorée ; nous embras-
sâmes enfin d'un dernier coup d'œil l'ensemble ravis-
sant que forme, surtout par un beau soleil, l'étroite
vallée que nous allions quitter, entre les deux hautes
collines qui l'enserrent, et que partout revêt sur ses
flancs et couronne au sommet la plus riche végétation :
ce que je vous souhaite pourtant, lecteurs amis, et ce
que je demande instamment au ciel, pour les miens et
pour moi-même, c'est de n'aller jamais à Plombières
qu'en voyage d'agrément, ou à peu près, car alors qu'on
y va, personnellement ou avec l'un des siens, pour un
véritable motif de santé, combien tout cela doit perdre
de son charme ; et comme pour inspirer à la foule qui
s'agite et qui rit dans la petite ville balnéaire des idées
plus sérieuses et leur rappeler le dernier mot de toutes
choses ici-bas, sur un plateau qui la domine est établi
le champ du repos, laissant apercevoir de loin les nombreuses tombes dont il est semé.

Outre l'excursion que je viens de raconter, il y en a à
faire au départ de Remiremont plusieurs autres encore,
qu'à titre de renseignement de nature à être utile
j'indiquerai ici, au Saint-Mont, au Pont-des-Fées, au
Saut-de-la-Cuve, au Saut-du-Bouchot, deux chutes
d'une certaine importance, à une autre, la cascade de
Miraumont, etc... Il ne nous fallait point y songer ;
aussi devions-nous partir le lendemain matin. Mais je
me dis que si nous pouvions aller coucher le soir même
à Épinal, ce serait autant de fait ; rester à Plombières
quelques heures de plus n'avait pour nous d'autre

avantage que de nous permettre d'assister à un concert
dont je me souciais assez peu. A trois heures et demie
nous en sommes donc partis, et une heure plus
tard nous rentrions à Remiremont, après un nouveau parcours complétement différent du premier,
moins accidenté, mais offrant encore un véritable intérêt, en contre-bas et à mi-côte des collines par lesquelles
nous avions passé le matin. Nous réglions notre compte
au *Cheval de Bronze*, et prenant congé de l'aimable
Mme Fleury, à cinq heures et demie nous nous remettions en route pour Épinal.

Nos coupons, je l'ai déjà dit, ne nous donnaient pas
droit jusque-là, mais seulement jusqu'à la bifurcation
d'Arches, pour de là filer directement sur Gérardmer;
mais je tournerais la difficulté en prenant, à nos frais,
entre cette dernière station et Épinal, des billets d'aller
et retour, et, comme l'horaire n'y annonçait que deux
minutes d'arrêt, si le temps à cet effet me manquait, il
n'y aurait pas à cela grand inconvénient, puisque
j'aurais la ressource de monter au bout de dix minutes
dans un autre train, venant de Saint-Dié, et allant
aussi à Épinal. Louis resterait donc en voiture avec nos
modestes bagages, et s'il m'était possible, une fois les
tickets obtenus, j'accourrais reprendre ma place à ses
côtés; sinon, il continuerait seul, m'attendrait en gare
à Épinal, et un quart d'heure plus tard je viendrais l'y
rejoindre, hypothèse peu probable, d'ailleurs, car sur
ces petites lignes des Vosges tout s'arrange un peu en
famille, et l'on m'avait promis de rester à Arches au
besoin un instant de plus, au grand désespoir d'un de
mes voisins de compartiment, qui, comptant pour dîner
sur les dix-sept minutes d'arrêt qu'il y avait à Épinal,

8

voyait avec peine que ce laps de temps déjà si court
allait être abrégé par un retard dans l'arrivée du train.
Mais je n'eus pas à lui occasionner cet ennui : à peine
étions-nous à Arches, que je me précipitai vers le guichet, mon argent tout prêt à la main, et une minute ne
s'était pas écoulée que j'étais de retour. Ce sont là de
ces petites combinaisons aussi simples qu'utiles, que
ne tarde pas à suggérer l'habitude des voyages ; le tout
est de les imaginer, et, sans me vanter, en songeant à
celle-ci, j'avais été bien inspiré, car elle nous a permis
à la fois de visiter Épinal plus à notre aise, et d'éviter à
Arches les deux heures d'arrêt, ou pour mieux dire
d'ennui, qu'on y passe en pure perte, à raison d'un
défaut de correspondance qu'il y a toujours à cette
gare, je ne sais trop pourquoi, entre les trains allant
de Remiremont à Épinal, et d'Épinal à Saint-Dié.

Il y a à Épinal trois hôtels principaux, aux enseignes
du Louvre, de la Poste et du Commerce, qui tous nous
étaient inconnus; le *guide* Conty semblait seulement
assigner au second une importance peu rassurante
pour notre budget de voyage ; il fut donc convenu que
nous irions d'abord au *Louvre ;* ensuite, et le cas
échéant, que nous prendrions la *Poste ;* que faute de
mieux enfin, nous aurions recours au *Commerce.* Ce
qui fut dit fut fait, mais nous n'eûmes pas besoin du
dernier subsidiaire : la première des trois maisons nous
ayant semblé par trop modeste, nous jugeâmes prudent
de nous en tenir à la deuxième, quelle qu'elle fût, et en
cela nous avons agi sagement, car nous y fûmes bien
traités, et à des conditions raisonnables. Il se trouva
même qu'il n'y eut à la table d'hôte, chose rare (il est

vrai qu'ils étaient très peu nombreux) que des commis-
voyageurs sensés et convenables : on en jugera par ce
détail que la conversation roula sur un sujet éminemment sérieux, les attributions des commissaires de
surveillance administrative près les Compagnies de
chemins de fer.

Épinal a 16,000 habitants ; assise au pied des Vosges,
et à cheval sur la Moselle, dont les deux bras y sont
coupés par une demi-douzaine de ponts, elle occupe
assurément une position agréable, et l'impression produite par la vue d'ensemble qu'on en découvre, des
hauteurs où arrive la ligne d'Aillevillers, est absolument à son avantage. Il est vrai aussi qu'aux alentours
sont des promenades charmantes et pittoresques, que
complètent des environs aux sites remarquables. Je ne
fais pas de difficulté non plus pour reconnaître que
dans sa partie moderne le chef-lieu du département
des Vosges a de beaux quartiers, et que, parsemées
dans la vallée, ses habitations neuves aux toits en tuiles
de Bourgogne font le plus bel effet. Mais ajouter avec
M. de Conty que c'est une jolie petite ville, très animée, gracieuse et propre, c'est se lancer un peu vite,
à mon avis, sur la route de l'enthousiasme, et, dans la
plupart des rues que nous avons parcourues, certaines
odeurs qui nous ont poursuivis protestent du contraire.
Restons donc dans le vrai, et, sans exalter Épinal outre
mesure, ne lui marchandons pas son principal mérite,
celui du site admirable où l'a placé, au Xe siècle, son
fondateur, Théodoric d'Hermelan, évêque de Metz.

Ceci une fois constaté, la description n'en sera pas
bien longue. La place des Vosges est un parallélogramme entouré de maisons à arcades, dont l'une est

assez remarquable par ses sculptures. De là on aperçoit l'église paroissiale, monument du XI° siècle,
souvent réparé, n'ayant de digne d'attention à l'extérieur que la tour du clocher, massive construction
romane, et deux tourelles originales en grès rouge,
flanquant le chevet; mais à l'intérieur la nef est
fort belle, du style ogival, et le chœur est gothique. Le
Palais de Justice, la Préfecture, l'Hôtel de Ville, sont
au contraire des édifices modernes, dépourvus d'intérêt.
Au milieu d'un square sur l'un des quais, les Vosgiens
ont élevé un monument commémoratif, en forme d'obélisque, à leurs compatriotes victimes de la guerre et de
l'invasion allemandes. Sur l'emplacement de l'ancien
château-fort est une belle promenade, un parc
dessiné à l'anglaise, servant de jardin à l'hôtel de la
Trésorerie générale. Le long de la Moselle s'étend l'esplanade du Cours, de larges allées de tilleuls. En face
sur l'autre bord de la rivière, dans une vaste construction,
sans caractère architectural d'ailleurs, sont établis la
Bibliothèque, riche de 32,000 volumes imprimés et de
220 manuscrits, dont quelques-uns très précieux, un
Évangile selon saint Marc notamment, et le Musée,
qui de son côté renferme une importante collection de
tableaux, parmi lesquels des toiles de Van Eyck, Ph. de
Champaigne, Ruysdaël, Rembrandt, Giorgione, Sal-
vator Rosa, le Titien, et de maîtres français, dont
Coypel et Jouvenet; toutefois, sans doute à Épinal
comme à Orléans, c'est à l'époque où il y a le plus
d'étrangers que Bibliothèque et Musée entrent, eux
aussi, en vacances, et tiennent leurs portes closes, sauf
à les ouvrir à qui le demande, moyennant finance. Mais
alors ne serait-il pas bien plus simple de ne pas les

fermer du tout? Nous aurions eu mauvaise grâce à ne
pas apporter ou envoyer d'Épinal, pour les bébés, un
souvenir dont nous offrait naturellement l'occasion son
imagerie fameuse; or ce ne fut pas sans peine, car il
arrive souvent que c'est sur les lieux mêmes de produc-
tion que les choses sont les plus introuvables, et je ne
suis pas le seul à le constater, puisque j'ai entendu, je
ne sais où, une dame se plaindre de n'avoir pas pu à
Épinal mettre la main sur une image. Nous fûmes
nous plus favorisés, et pour 1 fr. 50, auxquels s'ajou-
tèrent 25 centimes d'affranchissement, Louis put expé-
dier aux chers petits un assortiment de cinquante des
feuilles coloriées que l'on sait, lesquelles arrivant le
lendemain firent en même temps leur bonheur et assu-
rèrent à leur bonne mère quelques heures d'une tran-
quillité relative. Il y a encore à Épinal une marbrerie,
pour l'exploitation des carrières des Vosges. Cette ville
est enfin le nœud de plusieurs lignes ferrées, qui
rayonnent dans toutes les directions; il règne à sa gare
une grande animation à certaines heures, et il n'est
pas rare d'y voir à la fois cinq ou six trains en partance
ou venant d'arriver.

Nous avions maintenant à gagner le point où se donnent rendez-vous tous ceux qui font le voyage des
Vosges : donc le mardi 25 août, à midi, nous avons
quitté Épinal, et reprenant à Arches l'usage de nos billets circulaires, nous nous sommes dirigés sur Gérardmer, où nous arriverions à deux heures et demie. On
suit d'abord un moment encore la Moselle, puis la fran-
chissant sur un pont de cinq arches, on s'engage à Jar-
énil dans la vallée d'un de ses affluents les plus

gracieux, la Vologne, que l'on remontera jusqu'à sa
source. On traverse des prairies sillonnées par des
ruisseaux d'irrigation, éclusés d'une façon pittoresque,
et dont la petite rivière découpe capricieusement la verdure par ses sinuosités, et ainsi après une dernière
station, Bruyères, on s'arrête à Laveline, d'où la voie
ferrée continue sur Saint-Léonard, et ensuite sur Saint-
Dié ; mais ici l'embranchement de Gérardmer s'en détache, on est bientôt à Granges, et de là jusqu'à Gérardmer le voyage devient une suite de surprises, un
enchantement véritable. « On croirait, dit M. de Conty,
parcourir un parc luxuriant, arrosé par la Vologne, que
l'on a toujours à gauche, avec son fond hérissé de gros
cailloux, qui font faire aux eaux limpides autant de
petites cascades écumeuses. » Mais moi, je trouve à la
scène un caractère plus imposant et plus grandiose, et
l'aspect sauvage de la gorge dont le train remonte péniblement la rampe, les escarpements parfois dénudés qui
l'enserrent, et se rapprochant de plus en plus ne laissent
en maints endroits entre leurs deux murailles que le
passage de la rivière, du chemin de fer et de la route, les
sombres sapins qui presque partout y dressent leurs
cimes élancées, tout cela m'a rappelé les plus belles
vallées des Alpes, et presque celle de la Reuss, la plus
majestueuse de toutes. Les rochers s'éloignent ensuite,
et commencent à former un vaste bassin, qui s'élargit
graduellement, bordé de montagnes et de forêts, à
travers lesquelles se laissent voir de magnifiques vallées ; de hautes cheminées annoncent des usines, scieries, moulins, fabriques de tissus : on est à Richompré,
et bientôt après à Gérardmer.

Parmi les nombreux hôtels qu'il y a à Gérardmer,

plusieurs de premier ordre, le parent qui s'était fait
d'Orléans notre obligeant cicérone dans ces parages
lointains m'avait fortement engagé à donner la préférence à une maison un peu plus modeste, l'hôtel des
Vosges ; je suivis son conseil, et somme toute je ne crois
pas avoir eu tort, car vraisemblablement nous n'aurions
pas été mieux traités ailleurs. C'est que Gérardmer, je
l'ai dit, devient pendant la belle saison le centre de
toutes les excursions qui s'entreprennent dans les
départements voisins ; on s'y arrête généralement plusieurs jours, et il en résulte que les hôtels sont bondés,
et ne pouvant loger tout leur monde déversent leur trop
plein en ville, les autres comme celui des Vosges. Partout où nous serions allés, il est donc probable que
nous aurions été casés dans quelque maison particulière ; pareille chose nous était arrivée dans le temps à
Interlaken ; seulement, ici comme là-bas, nous eûmes
la malechance, que subirent aussi certainement bien
d'autres, qu'il nous échut en partage un appartement
qui laissait beaucoup à désirer, presque un taudis, à
tel point que j'y redoutai la présence d'insectes odieux,
dont par bonheur les morsures cruelles nous furent
épargnées. On nous fit espérer que le lendemain on
pourrait disposer en notre faveur d'un logis plus convenable ; mais alors nous étions installés tant bien que
mal, la nuit s'était passée sans incident fâcheux, nous
n'en avions plus qu'une à coucher à Gérardmer, et
nous serions absents toute la journée ; tiendrait-on
d'ailleurs sa promesse, et comment ? Nous restâmes
donc où nous étions. L'hôtel des Vosges est au surplus
une maison considérable, fréquentée au point que nous
étions le soir de soixante à quatre-vingts personnes à

dîner (et la lenteur du service s'en ressentait), et M. et surtout Mme Levaxelaire, une femme dont le teint plein de fraîcheur respire la force et la santé, y tiennent avec la prévenance convenable le sceptre directorial.

Gérardmer. — La Schlucht.

Gérardmer (on prononce *Gérarmé*) est un gros bourg de 6,700 habitants, le pays le plus élevé des Vosges, à 666 mètres au-dessus du niveau de la mer ; aussi l'air y est-il froid et salubre, mais l'hiver long et rigoureux, et souvent la neige couvre encore le front des montagnes qui l'entourent, que déjà dans des vallées plus tempérées la verdure resplendit de toutes parts. Une tradition locale s'exprime ainsi : « Sans Gérardmer et un peu Nancy, que serait-ce de la Lorraine ? » Cette expression, digne de la cité des Phocéens, et de son fameux dicton : « Si Paris avait une Cannebière, ce serait un petit Marseille, » indique combien les habitants sont fiers de leur village, et certes, dans une certaine mesure, il est si admirablement situé qu'ils n'ont pas tort. On a bien justement qualifié Gérardmer d'Interlaken des Vosges, et sous beaucoup de points de vues, toutes proportions gardées, l'un se rapproche de l'autre. Son nom lui vient de ce que le duc de Lorraine Gérard, qui se montra dans ces parages vers 1070, fit construire près du lac (en patois *maie* ou *mer*) une tour servant, soit à se défendre des brigands, soit de rendez-vous de chasse. Jusque-là on n'y voyait que de sombres et épaisses forêts, fréquentées par d'intrépides chasseurs ; aujourd'hui, grâce au travail infatigable de ses courageux montagnards, le sol est devenu un des plus fertiles de la contrée : il faut dire aussi que l'argent que les touristes y laissent chaque été n'a pas peu contribué à accroître la prospérité du pays ; malheureuseent, dit un ouvrage spécial, *Les Vosges pittoresques et historiques*, par M. Ch. Charton, on y demande trop souvent aux liqueurs alcooliques ce que l'on croit être un supplément de force, et il se consomme tous les ans à Gérardmer une quantité considérable de ces dangereux breuvages. On y fait un commerce considérable de fromages célèbres, dits Géromés ; l'industrie y a également multiplié les fabriques et les usines, pour la fabrication notamment des toiles et du lin, des articles de boissellerie, et tout naturellement aussi pour l'exploitation des forêts, qui presque toutes font partie du domaine public.

Bien que le chiffre de sa population et des édifices construits avec goût, quelques-uns même avec un certain luxe, entre autres une église, à l'aspect imposant, donnent à Gérardmer l'apparence d'une ville, ce n'est cependant pas là son côté intéressant : des hôtels, des magasins de ces objets qu'on aime à emporter d'un pays en guise de souvenirs, voilà tout ce qu'on y trouve de plus que partout ailleurs, dans un chef-lieu de canton quelconque d'égale importance ; ce qu'on y va chercher, c'est un site admirable, c'est un centre d'excursions charmantes à faire, soit à pied, soit en voiture, par de jolis sentiers et des routes magnifiques, rayonnant aux alentours, et, chose appréciable, sans qu'on ait besoin

d'un guide, car toujours dans les Vosges, à des inter-
valles fort rapprochés et à chaque détour, des poteaux
indicateurs, plantés par les soins du Club alpin français,
ce que rappellent les trois initiales C. A. F. qu'ils portent, mentionnent les points intéressants à visiter, souvent leur latitude et le nombre de mètres ou kilomètres
à parcourir pour les atteindre, et surtout par des flèches,
des *flacques*, nous a dit un jour quelqu'un, la direction
à suivre, de sorte qu'avec tant soit peu d'attention, il est
presque impossible de s'égarer. Or, sous tous ces rapports attrayants, Gérardmer et ses environs sont richement dotés.

Il y a d'abord le tour du Lac, une simple promenade,
celle-là, par laquelle nous avons débuté, sitôt arrivés,
en attendant l'heure du dîner. Le lac de Gérardmer,
propriété communale, est de forme ovale, limité à
gauche par de verdoyantes forêts, et à droite par la
route du Tholy, le plus considérable des trois que, de
distance en distance sur la même ligne, la nature a
versés dans ce vaste bassin ; il reçoit les eaux de la
petite vallée du Phény, et, lui servant d'écoulement, le
ruisseau de la Jamagne sort lui-même de son sein, pour
devenir presque aussitôt l'un des affluents de la Vologne. Son étendue est de 116 hectares, et sa profondeur de 35 à 40 mètres; on y trouve de nombreux et
savoureux poissons, et des sentiers agréables, tracés
aussi bien pour le plaisir des yeux que pour la facilité
de la marche, permettent d'en faire le tour en une
heure et demie, sans fatigue appréciable. Cette promenade est d'ailleurs aussi possible en voiture ; des gon-
doles sont également à la disposition des étrangers, le
long d'un quai planté d'arbres, et garni de bancs où

l'on peut aller s'asseoir à l'abri des ardeurs du soleil.
Les bords déjà si poétiques du lac de Gérardmer tendent
encore à s'embellir ; on y a bâti de jolis chalets, les uns
plongeant dans l'eau, les autres un peu plus loin, à demi
cachés dans la verdure, parmi lesquels l'un des plus coquets appartient à une demoiselle de Katendicke qui paraît
être une sorte de Marquis de Carabas du pays; une
deuxième est la propriété d'un M. Cahen, d'Anvers:
aussi les terrains d'alentour ont atteint depuis plusieurs
années une valeur considérable.

L'auteur du *Guide* Conty a décrit avec trop de soin,
et suivant son excellente habitude, avec une exactitude
trop scrupuleuse l'itinéraire à suivre, pour que j'aie
besoin de le reproduire ici; je me bornerai donc à engager mes lecteurs à s'y conformer de point en point
quant aux détails. En deux mots au surplus le voici :
ils partiront sur la gauche, par un petit sentier soigneu-
sement sablé, suivront un moment l'ancienne route de
Remiremont, trouveront ici un autre sentier, puis un
chemin rocailleux et abrupt, mais heureusement très
court, ombragé par des sapins, qui leur permettra de
voir une jolie cascatelle; et alors, soit en continuant à
longer immédiatement le lac, soit en gagnant, par le
coteau qui en forme le barrage naturel, le chemin forestier qui y est tracé, ils arriveront à la route d'Épinal
qui les ramènera à Gérardmer par la rive droite. Dans
ce délicieux parcours, dont la description rapide que
j'en esquisse suffira, je l'espère, pour faire pressentir
tout le charme, une distraction qui elle aussi a son
mérite leur sera même offerte: l'ancienne route de
Remiremont les conduira, au milieu d'un amphithéâtre
de verdure, dans une vallée ombreuse et ordinairement

silencieuse, celle de Ramberchamp, qu'habite cependant un personnage qui, dès qu'on le provoque,
devient un bavard insupportable, mais a du moins sur
ses pareils cet avantage que c'est assez pour le faire
taire de ne plus rien dire soi-même. On l'a déjà deviné :
c'est un écho, qui répète toutes les paroles de la manière
la plus distincte ; on n'a qu'à se placer au bord du
chemin à droite, en face d'une maison blanche, sur une
pierre de granit d'un mètre environ, sortant du sol de
quelques centimètres, et à parler même assez bas, et
aussitôt chaque syllabe est reproduite avec une netteté
si surprenante, que je me suis demandé si quelque esprit malin en chair et en os ne s'était pas donné, dans
ce coin solitaire, la tâche singulière de mystifier les
étrangers. Aussi ai-je confié à l'écho toutes espèces de
choses, dans les divers idiomes où je pouvais balbutier
quelques mots, du français, du latin, du grec, de l'anglais, de l'allemand, de l'italien, que sais-je, des sons
mêmes qui n'appartenaient à aucune langue, et jamais
le docile polyglotte n'est resté en détresse ; sérieusement
parlant, c'est un des échos les plus étonnants que j'aie
entendu ; je m'attendais, en tentant l'aventure, sur la
foi du *Guide,* à une déception ; mais non. Nous revenions de cette excursion du tour du lac, quand nous
avons fait la rencontre de la seule personne de connaissance qu'un heureux hasard ait amenée sur notre chemin, dans tout le cours de notre voyage, un honorable
ancien conseiller à la Cour d'Orléans et sa femme, et
encore la rapidité avec laquelle filait leur voiture ne
nous a-t-elle permis d'échanger avec eux qu'un salut
au passage.

Le territoire de Gérardmer présente encore sur

d'autres points, à de certaines distances, des curiosités qui méritent de fixer l'attention. Par exemple, dans la profondeur d'une gorge à la physionomie sévère, la vallée des Granges, la Vologne coule sous une voûte de granit d'une seule arche, audacieusement suspendue sur la petite rivière, le Pont-des-Fées. Là aussi la nature a creusé pour l'été la glacière de Kertoff, c'est-à-dire, au moyen d'un amas de roches qui, dans leur chute, ont formé des cavités où les eaux des neiges s'accumulent pendant l'hiver, un précieux réservoir où même, durant les chaleurs les plus intenses, on est assuré de trouver d'épais morceaux de glace. Tout près de là également, la Basse-de-l'Ours est un précipice sauvage, pavé de blocs granitiques énormes. Toutefois, la première de ces choses se voit parfaitement du chemin de fer, et les deux autres n'offrent qu'un attrait secondaire. Plus loin, à 15 kilomètres de Gérardmer, la cascade du Tendon, la plus considérable des Vosges, tombe d'un escarpement rocheux qui n'a pas moins de 35 mètres de hauteur; le ruisseau roule en mugissant et forme trois chutes successives d'un très curieux aspect. Mais une excursion dont, celle-là, il est impossible de se dispenser, est la suivante qu'il me reste à décrire.

La route de la Schlucht, dont il s'agit ici, relie, par Gérardmer et Munster, Épinal et Remiremont à Colmar, la Lorraine et l'Alsace; projetée par l'Empereur, lors de son séjour à Plombières, en 1856, elle a été exécutée sous la direction d'un M. Hogard, et elle est des plus intéressantes, autant par son caractère pittoresque qu'à raison des difficultés vaincues par l'habile ingénieur, car à la fois large, facile et sûre,

9

elle défie les pentes les plus roides et les plus effrayants précipices. Napoléon III, en la faisant ainsi pratiquer, ne se doutait pas que quinze ans plus tard, à la suite de désastres sans nom, dans lesquels il aurait à porter devant l'histoire une lourde part de responsabilité, ce chemin établirait une communication directe et immédiate entre la France et l'Allemagne. En quittant Gérardmer, que l'on traverse, on suit tout droit la route de Saint-Dié, et bientôt dans un petit bois de sapins, à gauche près du chemin, on observe, ou plutôt on ne songerait pas à regarder, si personne ne la faisait remarquer, une grosse pierre ayant la forme d'une table sans pied. C'est la Pierre de Charlemagne, ainsi nommée parce qu'en 805 le grand empereur d'Occident, en chasse dans le pays, y aurait pris un repas champêtre, qu'il aurait ensuite arrosé avec une onde pure puisée à la cascade voisine, tout cela sans garantie, bien entendu : aussi on salue de confiance cette relique vénérable, et l'on passe.

On arrive de là en quelques minutes à un détour de la route ; un pont se présente, gracieusement jeté sur la rivière ; on entend le bruit d'une chute d'eau, et la flèche d'un poteau indicateur invite à pénétrer un moment dans le bois, pour aller rejoindre le chemin par une petite arche rustique : c'est là le Saut-des-Cuves, réunion bizarre de trois rochers placés par un caprice de la nature comme des billes de billard sur les enseignes des limonadiers de province, l'une en haut, sur laquelle glisse le courant, les deux autres de côté et un peu plus bas, entre lesquelles il roule, et qui, soumis depuis je ne sais combien de siècles à son action incessante, se sont creusés et arrondis comme

des cuves. La Vologne, qui produit ce phénomène curieux, descend du Honeck, où elle prend sa source, et
à ce moment déjà elle a traversé les deux lacs dont je
parlerai bientôt. Du pont à la Schlucht, une borne de
la route marque 11 kilomètres 700 mètres, et depuis
Gérardmer on en a fait environ cinq.

On suit maintenant à droite une route magnifique,
et l'on arrive à une première bifurcation, puis à une
seconde, près de l'ancien hôtel de Longemer, devenu il
y a quelques années la proie des flammes, et depuis
resté abandonné. Le chemin carrossable qui est en
face aboutit à la Schlucht par le col de la montagne, et
on va le suivre à l'aller ; celui de droite, par lequel on
reviendra, y conduit par la vallée, les deux lacs et la
nouvelle route forestière. A partir de ce point, le trajet,
qui se fait toujours en montant, devient de plus en plus
grandiose : on s'élève par une longue série de lacets
artistement tracés sur le flanc de la montagne, celle-ci
à gauche, le précipice à droite, au-dessus des lacs de
Longemer et de Retournemer, que l'on finit par do-
miner de très haut, et après 5 kilomètres on arrive à
une maison placée sur le bord de la route, et un peu
plus loin à un tunnel taillé dans le roc. C'est la Roche-
du-Diable ; on descend donc de voiture et, gravissant
ce bloc énorme qui surplombe à pic sur la vallée, au
point qu'une dame aux nerfs sensibles qui se trouvait
là avec nous n'osait s'approcher du bord de l'étroite
plateforme de crainte du vertige, on jouit d'un panorama des plus majestueux : à gauche une maison forestière, dans laquelle, par parenthèse, on peut, à ce
qu'il paraît, manger et même coucher dans d'excel-
entes conditions, et le lac de Retournemer, à droite

celui de Longemer, l'un et l'autre encadrés dans une
végétation luxuriante.

Suivant toujours la route, on arrive enfin au collet
de la montagne, un peu au delà duquel se détache à
droite le chemin forestier, et l'on traverse un maigre
filet d'eau qu'on voit, à droite aussi, tomber du rocher
à travers les sapins, la source de la Meurthe; on n'a
pas encore tout à fait atteint cependant le terme du
voyage, et il faudra une demi-heure de plus pour y
parvenir, à 1,150 mètres d'altitude. Si Gérardmer est
l'Interlaken des Vosges, la Schlucht en est le Rigi,
c'est-à-dire le rendez-vous et le centre de réunion des
vrais touristes, ceux qui veulent jouir d'une grande et
merveilleuse nature. Avant l'établissement de la route
de Munster, il n'y avait sur cette crête ardue qu'une
pauvre maison de refuge; mais depuis quelques années
une opulente famille Hartmann, à qui l'on doit déjà le
chemin carrossable, a mis le couronnement à son
œuvre en convertissant en un hôtel-restaurant le chalet
qui lui servait d'habitation et qui porte son nom, et de
ce belvédère élevé, placé au centre de la chaîne des
montagnes, à l'entrée de la belle vallée de Munster, la
vue s'étend au loin sur ce riche bassin. Un moyen facile de le voir plus complètement encore est de s'a-
vancer au delà du chalet, sur la route, taillée à mi-
côte dans le roc vif, sinon jusqu'à 2 kilomètres environ,
à un détour d'où l'on plonge bien mieux dans la direction de Colmar et du Rhin, du moins à 300 mètres à
peu près, à un tunnel, que pour le passage de la chaussée il a fallu percer dans le rocher. Seulement, dès le
chalet Hartmann, on n'est plus sur le territoire français, et c'est un peu en deçà, en venant de Gérardmer,

que se trouve la limite des deux pays, tracée par une
suite de bornes en granit marquées d'un côté de la
lettre D (Deutschland, Allemagne), et de l'autre d'un
F, dont je n'ai pas besoin de donner la signification, et
sur le sommet, d'un trait gravé dans la pierre et indiquant la direction de la ligne frontière. Un angle seulement d'un bâtiment dépendant des communs (je me
suis renseigné très exactement sur ce point) nous appartient sur un mètre environ.

On dîne fort bien au châlet Hartmann, et l'industriel
qui l'exploite n'abuse pas trop de la situation, puisque
le prix de sa table d'hôte ne dépasse pas 3 fr. 50 par
tête, vin compris ; mais son personnel est insuffisant,
et, comme les convives sont toujours très nombreux,
le service se fait avec beaucoup de lenteur, et c'est dom-
mage, car, indépendamment de l'ennui qui, à mon avis
du moins, résulte bien vite d'un repas tant soit peu pro-
longé, et en diminue même sensiblement le mérite,
tous venant là pour rayonner ensuite dans telle ou telle
direction, un temps précieux se trouve perdu. C'est
alors un spectacle curieux que celui des 25 ou 30 voitures réunies dans la cour ; puis le dîner fini, chacun se
disperse et va de son côté, les uns, ayant plus de temps
et d'argent que nous n'en voulions dépenser, et des
jarrets plus solides que les nôtres, pour d'assez longues
excursions vers la Bresse, dans la belle vallée de la
Moselotte, aux lacs des Corbeaux, de Blanchemer et
ailleurs, les autres, comme nous, pour une ascension
plus facile, celle du Honeck ou Hoheneck, une montagne voisine, qui est du reste la plus élevée des Hautes-
Vosges, puisqu'elle n'a pas son sommet à moins de
1366 mètres d'altitude. C'est donc seulement 200 et

quelques mètres qui restent encore à gravir, et; comme cette montée est répartie sur un espace de 3 kilomètres environ, c'est en résumé une petite expédition qu'il est loisible à tout le monde à peu près de se permettre sans trop de fatigue.

Le parcours a lieu à pied ; il pourrait se faire également à cheval ou à dos de mulet, mais ce n'est pas l'habitude ; je ne sais pas trop d'ailleurs pour quel motif. D'abord sous bois, à travers des taillis au milieu desquels des points de vue sur la vallée de Munster sont ménagés çà et là ; on chemine par des sentiers généralement faciles et en pente assez douce, de distance en distance cependant rocailleux et un peu plus abrupts. Puis commence ce que dans les Vosges on nomme les chaumes, de vastes plateaux couverts de verdure, avec des châlets autour desquels paissent en liberté de nombreux troupeaux de vaches ; c'est dans ces chaumières que les pasteurs appelés *marquarts* fabriquent le fromage dit de Géromé; les vaches qu'ils exploitent ne sont pas néanmoins leur propriété; ils les louent pour la saison, moyennant une somme convenu ; ces bêtes, qui, toutes, ont des clochettes, couchent dans la montagne ; deux fois par jour le son de la trompe leur annonce qu'elles doivent rentrer au chalet pour se laisser traire, et elles obéissent, venant se ranger d'elles-mêmes dans l'étable où leur maître les attend. Mais engloutis l'hiver dans la neige, les chalets ne sont habités que du 1er juin au 15 septembre, car sur ces tristes sommets, le froid arrive vite et cesse tard; il est extrêmement rigoureux, et je crois volontiers ce que me disait un pauvre diable de douanier, qui doit savoir par expérience à quoi s'en tenir, obligé, qu'il neige, qu'il

vente, ou qu'il gèle, ou tout cela à la fois, de continuer
son service et de courir sus aux contrebandiers pour
qui la saison la plus épouvantable est au contraire la
meilleure, — qu'à la Schlucht il y a par an neuf mois
d'hiver et trois mois de mauvais temps.

Sur ces pelouses gazonnées, la marche n'est pas pénible, un peu glissante seulement; pour arriver toutefois
au sommet, la rampe devient plus roide, et il y a à
faire un nouveau petit effort; un guide est du reste
tout à fait inutile, les poteaux indicateurs C. A. F. et
leurs flèches sont toujours là pour en faire l'office;
d'ailleurs on longe presque invariablement la ligne
frontière et la suite des bornes D. F., jusqu'à une dernière, plantée sur le milieu de la bosse absolument dé-
nudée que forme ici le Honeck, laquelle appartient
ainsi par portions à peu près égales à chacun des deux
pays. Et là, au centre de la chaîne des Vosges, on doit
jouir par un temps clair d'une vue admirable : d'un
côté, en face, vers l'Allemagne, les flancs du Honeck
descendent à pic dans le défilé de Munster, par d'immenses rochers noirs, fendillés et hérissés de sapins,
et par delà on découvre la vallée d'Alsace, et même, dit-
on, mais j'en doute, le Rhin, et jusqu'aux Alpes Ber-
noises ; en arrière, vers la France, au fond d'une sorte
de cuvette, les lacs de Retournemer et de Longemer
apparaissent comme d'étroites pièces d'eau, et à droite
et à gauche, pour me servir des paroles de l'Écriture,
semblable à un troupeau de béliers bondissants, se développe tout un horizon de montagnes.

Malheureusement, nous n'avons pu en juger aussi
complètement que nous l'avions espéré le matin ; le
ciel, qui s'était couvert, s'obstina à rester chargé de

nuages, et ne se décida pas à une embellie, que nous
attendîmes vainement, soit sur la crête du Honeck, soit
dans un refuge solidement établi là-haut contre la tourmente et la neige, à l'abri d'un pli de terrain. Loin de
là, les vapeurs s'épaississant de plus en plus, nous jugeâmes prudent de descendre, et bien nous en prit,
car nous n'étions pas de retour au chalet Hartmann,
que déjà la pluie s'était mise à tomber, pour continuer
presque jusqu'au soir. Nous nous étions du reste mon-
trés les plus intrépides, puisque notre équipage quitta
la Schlucht le dernier ce jour-là, et je n'en fus pas
fâché; j'aimais bien mieux, en effet, que, tous les autres
étant partis avant nous, il ne vint pas à l'esprit de notre
automédon de chercher à lutter de vitesse avec quelque rival, et je ne tenais pas du tout à ce que nous de-
vinssions victime de la même catastrophe qui avait failli
arriver la surveille, précisément à notre léger panier,
mais avec un attelage et un conducteur différents, à un
lacet de la route qu'on nous fit voir et dont l'herbe récemment foulée attestait la vérité du récit : à savoir
que, par suite d'une distraction du cocher, le cheval
n'ayant pas détourné à temps, la voiture et son contenu
auraient été lancés dans l'abîme, si quelqu'un ne s'était
trouvé là juste à propos pour saisir l'animal à la bride,
et le retenir au bord du précipice.

Nous avions donc maintenant à rentrer à Gérardmer,
et cela par le chemin forestier et les lacs, comme je
l'ai déjà annoncé, c'est-à-dire sous bois, toujours en
descendant, et après avoir quitté l'autre route au delà
du col de la Schlucht, en allant la rejoindre à l'ancien
hôtel de Longemer, au moyen d'une voie transversale
ouverte à travers d'épais massifs de sapins, aussi gigan-

tesques que ceux dont j'ai parlé ailleurs, et que les
rayons du soleil ne doivent que rarement pénétrer. Le
petit lac de Retournemer, le premier que l'on rencontre
alors, est placé comme au fond d'un entonnnoir formé
par de hautes montagnes que domine le Honeck : sa
surface est seulement de huit hectares, et sa profondeur
de 20 mètres ; mais l'aspect en offre quelque chose de
sinistre et d'effrayant, qui l'hiver doit devenir horrible:
l'âme se sent tout impressionnée à la vue de spectacles
aussi sauvages ; on se croirait dans un désert affreux,
et comme transporté au bout du monde, si une splendide nature forestière ne reposait agréablement les yeux.
Toute route parait fermée, on n'aperçoit autour de
soi que des blocs de granit entassés, et des masses d'arbres inaccessibles, qui semblent braver la hache des
plus hardis bûcherons. Perdu au milieu de ce chaos, et
ne découvrant partout que rochers, forêts et montagnes
abruptes, le voyageur semble comme forcé de revenir
en arrière : de là le nom de Retournemer. Les eaux du
lac, claires et limpides, mais d'une teinte noirâtre, par
suite du reflet des sapins, proviennent des sources su-
périeures de la Vologne ; la rivière s'en échappe par une
profonde déchirure, forme une cascade qui roule calme
et tranquille sur un rocher poli comme du marbre, et
serpentant un moment à travers une prairie qui sépare
les deux lacs, va se jeter dans celui de Longemer.

Bien plus étendue que sa voisine, cette vaste nappe
liquide, à laquelle arrive alors la route forestière, pour
la suivre sur la rive droite, forme une masse d'eau de
2000 mètres de longueur ; sa superficie est de 75 hectares, sa profondeur de 30 à 36 mètres, et sa hauteur
au-dessus du niveau de la mer de 716 mètres. Deux

9.

monts élevés s'y reflètent et l'encadrent, dont l'un se dresse perpendiculaire, et laisse couler de son sommet dans les flots de Longemer les sapins brisés ou déracinés par les vents, ce qui fait dire qu'il y a plus d'arbres dans le lac que sur la colline elle-même. Néanmoins le paysage est ici bien moins sombre et plus riant qu'à Retournemer ; quelques minutes encore et l'on rejoint la grande route, par laquelle on rentre à Gérardmer. Partis le matin vers huit heures, nous étions arrivés à la Schlucht un peu après dix heures et demie ; jusqu'à la table d'hôte, à onze heures et demie, nous étions allés, malgré l'ardeur du soleil qui brillait alors de tout son éclat, faire un tour sur le chemin de Munster ; nous avions ensuite diné ; puis vers une heure nous nous étions mis en devoir d'escalader le Honeck, dont l'ascension, aller et retour, et temps d'arrêt là-haut, nous avait demandé trois heures ; nous étions alors remontés en voiture, et, le retour se faisant bien plus rapidement que l'aller, nous étions rentrés à Gérardmer vers six heures et demie. Je ne donne ces détails, bien entendu, que dans la pensée d'être utile à mes lecteurs ; j'ajoute que le prix de notre voiture était de 15 francs, et qu'elle eût été à notre disposition, le cas échéant, de 7 heures du matin à 7 heures du soir.

Saint-Dié. — Sainte-Marie-aux-Mines.

Nous en avions fini à Gérardmer, dans les limites du moins que nous nous étions tracées ; nous en sommes

donc partis le 27 août, à midi et demi, et disant adieu
en passant à la délicieuse vallée de Granges, nous
avons repris à Laveline le train allant d'Épinal à Saint-
Dié, qui avait vingt minutes de retard, grâce à un
nombreux pèlerinage qu'il ramenait, et dont les membres descendaient aux différentes stations du parcours.
Un fort détachement s'arrêta à Saint-Léonard, 18 kilomètres au delà de Laveline, pour y prendre l'embranchement de Fraize, encore une localité à la visite de
laquelle nous donnaient droit nos billets, mais assez
dépourvue d'intérêt pour que nous n'ayons pas cru devoir perdre notre temps à y aller ; nous avons donc
continué notre route, et à six heures et demie nous
mettions pied à terre sous la gare très modeste de
Saint-Dié. Tout d'abord, aux environs de Laveline,
nous avions constaté, à l'aspect d'une série de mamelons qui bordent la ligne, que nous n'étions pas loin
encore de la grande chaîne des Vosges ; puis tous ces
coteaux s'étaient écartés, la crudité des crêtes des
sapins qui les couronnent s'était estompée peu à peu
dans le bleu de l'horizon, et maintenant c'était presque
déjà la plaine.

Saint-Dié est très en vue depuis quelque temps, à
raison de certaine notabilité politique qui, originaire
du pays, y réside depuis qu'elle est descendue des hauteurs du pouvoir, et compte dans le département sinon
beaucoup de parents, du moins de nombreux homo-
nymes : il suffit, pour s'en convaincre, de lire sur les
maisons, dans les rues d'Épinal, Remiremont et Saint-
Dié, les indications par lesquelles les commerçants de
différents ordres ont l'habitude de solliciter l'attention
du public. Il est bien entendu, d'ailleurs, qu'ici, nar-

rateur exact mais impartial et correct, je constate simplement et je n'apprécie pas; le terrain est trop brûlant pour que je m'y aventure; mais celui dont il s'agit
est assez considérable pour que je n'aie pas cru pouvoir
raconter un voyage dans les Vosges, au mois d'août
1885, sans faire à sa personnalité une allusion discrète.
Chef-lieu d'arrondissement, située en face des hauteurs
escarpées d'Ormont, de la Madeleine et du Mont-Saint-
Martin, Saint-Dié, siège de l'évêché du diocèse des
Vosges, est une localité de 15,000 habitants seulement,
mais présentant tout l'aspect d'une ville plus importan-
tante et ayant je ne sais quoi de distingué, de comme
il faut, qui plaît et semble faire qu'on aimerait assez à
y vivre : pour ma part, je la préfère à Épinal. Trois
rues larges et longues la traversent, le faubourg de la
Croix, la rue Stanislas, et la principale, la Grande-
Rue, qui, s'ouvrant en face de la gare, franchit la
Meurthe sur un beau pont et coupe ensuite la ville de
part en part, pour aboutir par l'autre extrémité à la
cathédrale. Là aussi est l'hôtel où nous sommes descendus, *la Poste,* une maison bien tenue, dirigée par
un propriétaire aimable qui, reconnaissant dans ma
main le *Guide* Conty, quand nous sommes entrés, m'a
dit : « Ah! je vois que vous m'êtes envoyés par mon
ami M. de Conty. » Est-ce pour cela, chose d'ailleurs
peu probable, ou bien plutôt parce que ce Monsieur a
naturellement le caractère ainsi fait, toujours est-il
que nous nous sommes bien trouvés chez lui, et que,
pour cette fois encore, nous n'avons qu'à remercier
notre obligeant indicateur d'hôtels.

Ce qu'il y a à visiter à Saint-Dié, en fait de monuments dignes de remarque, n'est pas bien considérable;

mais tous du moins ont leur mérite : l'église Saint-
Martin, la première qu'on rencontre en arrivant, construction importante du XVIIIe siècle ; puis la Fontaine
de la Meurthe, ornée des armes de la ville et surmontée d'une statue de naïade qui personnifie la rivière ;
une autre ; la Fontaine Stanislas, décorée d'un obélisque en grès rouge, élevé en 1827 à la mémoire du
duc de Lorraine, le bienfaiteur de la ville, comme en
ayant fait bâtir un quartier qu'un incendie avait détruit
en 1757, dans l'espace de quelques heures, aujourd'hu
le plus beau de Saint-Dié, et qu'on appelle la ville
neuve ; l'hôtel-de-ville, où est la bibliothèque, 12,000
volumes et des manuscrits précieux ; la cathédrale
enfin, dédiée à saint Dié ou *Deodatus,* qui, au VIe siècle, vint dans ces lieux fonder un monastère d'hommes
devenu, au Xe siècle, une collégiale renommée, sous le
titre d'Abbaye de Saint-Dié. Ce n'est pas que ce monument offre le luxe artistique qui rehausse les premières basiliques de France, non, mais un intérêt
archéologique s'y rattache : on aime à voir le style
gothique du chœur, et des chapelles qui figurent la
croix, l'architecture romane des arcades en plein
cintre, qui se dégage sur le côté gauche de la nef, le
cordon de câbles entrelacés et délicatement sculptés
qui entoure les chapiteaux des colonnes, les ogives
et les rosaces des vitraux, et cet assemblage de figures
fantastiques d'hommes et d'animaux que l'art encore
peu habile créait jadis pour orner l'enceinte des
temples.

Près de la cathédrale, chose rare dans ces parages,
se trouve un cloître remarquable, renfermant une belle
chaire en pierre, et dont les corridors, qu'on voit avec

peine souillés des ordures les plus immondes, la relient
avec la Petite-Église, ainsi appelée par opposition à la
grande, qui est la cathédrale, un édifice bien conservé
du IXe siècle, de style roman, dans lequel on pénètre par un vestibule ayant de belles colonnes à chapiteaux. De là une jolie route plantée d'arbres conduit
au grand Séminaire, situé à quelque distance, dans le
domaine de Richarville. Sur la terrasse de la cathédrale ouvre par une entrée fort imposante l'évêché,
édifice du XVIIe siècle, précédé de vastes jardins. Il y a
aussi, à Saint-Dié ou aux environs, plusieurs promenades agréables : celle du Parc, simple mais riant
jardin anglais qui s'étend près du pont de la Meurthe
et sur la rive droite de cette rivière; au pied du Mont-
d'Ormont, celle de Gratin, des allées garnies de beaux
arbres ; une autre encore, qui est plus éloignée, deux
heures aller et retour, celle du Mont-Saint-Martin, une
crête couronnée de trois roches pyramidales que l'on
prend de loin pour les ruines d'une forteresse; une
dernière course enfin, qui, celle-là, est un véritable
déplacement, puisqu'elle demande une journée, consiste à aller à Schirmeck, pour faire de ce village l'ascension du Donon.

A Saint-Dié s'achève ce que l'on peut véritablement
nommer un voyage dans les Vosges, et il reste seulement à le compléter, entre autres points intermédiaires
de là à Paris, par la visite de Nancy. Notre itinéraire
nous conviait donc à nous en aller gagner par Lunéville la ligne d'Avricourt; mais si j'avais jusqu'ici un
peu écourté notre séjour dans plusieurs des localités
que nous avions traversées, supprimé même tout arrêt

dans quelques-unes ; si j'avais négligé des excursions que, désirant faire une sorte de monographie du pays tout entier, j'ai cependant indiquées au cours de ce récit, c'est que mon programme comportait d'autres projets. Je veux parler d'une tournée, qu'avant d'accentuer tout à fait *notre mouvement de retour*, nous ferions en Alsace-Lorraine chez nos infortunés compatriotes, à Strasbourg et à Metz, et à laquelle se joindrait, s'il était possible, une petite pointe jusqu'à Triberg, un des sites les plus vantés de la Forêt-Noire. J'avais donc étudié la carte à ce point de vue, et il m'avait semblé que la meilleure combinaison pour la *réalisation de ce plan était celle-ci :* abandonner notre droit au parcours de Saint-Dié à Lunéville, prendre une route qui, de la première de ces deux villes, va par un des cols des Vosges gagner à Sainte-Marie-aux-Mines le terminus d'une voie ferrée qui va de là rejoindre à Schlestadtt la ligne de Bâle à Strasbourg, par Mulhouse et Colmar, suivre alors celle-ci, faire au départ de Strasbourg l'excursion de Triberg, venir ensuite retrouver à Lunéville, vers Nancy, l'itinéraire fixé par nos coupons, nous rendre de Nancy à Metz et y passer une journée, par voie d'aller et retour, et nous acheminer définitivement vers Paris.

Nous avions à commencer par nous diriger de Saint-Dié à Sainte-Marie-aux-Mines, et rien n'était plus facile, une diligence faisant ce trajet deux fois par jour, en correspondance avec les deux lignes de fer allant de l'une à l'autre de ces deux stations terminales. Mais je me dis qu'une voiture particulière, si elle ne coûtait pas un prix déraisonnable, serait bien plus agréable, et comme notre maître d'hôtel en mit

une à notre disposition pour 15 fr., alors que nos deux
places dans la diligence nous seraient revenues à 8 fr.
dans l'intérieur, 9 fr. dans le coupé, il n'y avait point
à hésiter. Le vendredi donc 29 août, sur les huit
heures du matin, nous sommes ainsi partis de Saint-
Dié par la route d'Alsace, un chemin magnifique, tracé
à travers des prairies qu'arrosent la Meurthe et de nombreuses rigoles qui en sont dérivées. Nous avions à
franchir, pour arriver à destination, 24 kilomètres,
dont la montée puis la descente des Vosges : la voiture
publique, partie un peu avant nous, à sept heures et
demie, était marquée sur l'Indicateur, tableau des cor-
respondances, à titre il est vrai de simple renseignement, comme étant trois heures à faire le trajet : nous
serions donc vraisemblablement à Sainte-Marie entre
onze heures et midi ; là nous déjeunerions, nous ver-
rions de la petite ville ce qui nous serait possible, et à
1 heure 28 nous y prendrions un train qui, après
30 minutes d'arrêt à Schlestadtt, nous déposerait à 4 heures 20 en gare de Strasbourg. Ces combinaisons savantes s'exécutèrent à la lettre ; il s'y mêla seulement
un élément fâcheux qui ne figurait pas au programme,
et en contraria un peu la réalisation : le commencement d'une pluie abondante qui, hélas ! avec plus ou
moins d'intermittences, devait durer trois jours.

A huit kilomètres environ de Saint-Dié, le voisinage
plus immédiat de la chaine des Vosges s'annonce par
une série de contreforts, et ainsi l'on arrive, 4 kilomètres
plus loin, au dernier village français, Wisembach, au
fond d'une vallée dominée par la haute montagne de
Sainte-Marie, qu'il s'agit maintenant de gravir pour en
atteindre le col. Nous rejoignimes à cet endroit la dili-

gence qui nous attendait, et j'eus alors l'explication
d'un fait qui m'avait un peu étonné le matin, à savoir
que dès sept heures, au lieu de huit heures moins un
quart, comme c'était convenu, notre attelage s'était tenu
à nos ordres à la porte de l'hôtel. C'est que, notre
cocher ayant mené il y a peu de temps la voiture publique, en connaissait le conducteur actuel, et que
celui-ci avait besoin de se détourner un moment de la
route pour parler à un garde forestier : il avait donc
été convenu entre mes gaillards, que les deux équipages
feraient en sorte de se trouver en même temps à Wisembach, et que notre automédon, descendu de son
siège, prendrait à pied la direction du tout, pendant que
son camarade irait à ses affaires. Ce beau plan fut en
effet suivi, et j'avoue que je n'en fus pas le plus satisfait
(si j'eusse été dans l'autre véhicule, je l'aurais été encore moins), me demandant s'il était bien prudent que
cinq chevaux, le nôtre et les quatre de la lourde machine qui marchait de conserve avec nous, fussent confiés à un seul homme qui n'était pas en mesure de veiller
à l'un quand il était à la tête des autres, et récipro-
quement. Et comme pour mieux me taquiner, le diable
d'animal (je parle de notre coursier) semblait s'obstiner
à tourner court et à dévier du milieu de la chaussée
vers l'un des côtés, précisément celui où le chemin
surplombait dans le vide. Il y avait à la vérité peu de
danger, puisqu'on montait au pas les lacets d'une large
et belle route ; néanmoins je ne fus tout à fait rassuré
que quand le conducteur, de la diligence nous ayant re-
joints, chacun reprit les rênes du gouvernement de son
attelage.

On était alors assez près du col, et nous ne tardâmes

pas à l'atteindre, à 760 mètres d'altitude environ (si je me souviens bien, car j'avais chargé Louis de prendre le chiffre par écrit : mais malgré l'exactitude ordinaire de mon fils, je ne trouve rien à ce sujet sur ses notes), complètement dans la région des nuages, perdus dans un brouillard épais, qui bientôt se condensa en torrents de pluie. Nous retrouvâmes là-haut la ligne frontière, qui, ainsi, du Ballon d'Alsace jusqu'ici, suit la crête de la chaîne des Vosges, de sorte que si le versant oriental en appartient à nos vainqueurs, du moins l'autre nous est resté, et avec lui le débouché de notre côté de trois des routes qui relient l'Alsace à la Lorraine, celles des cols de Bussang, de la Schlucht, et de Sainte-Marie-aux-Mines ; malheureusement, la quatrième, qui n'est pas la moins importante, puisqu'elle se dirige sur Nancy par le défilé de Saverne, est tout entière aux mains de nos voisins, qui, toujours habiles, ont eu soin de se la réserver, et par cette brèche sans cesse béante sur notre frontière, leurs terribles avalanches humaines peuvent inonder la plaine ouverte devant eux. Encore une fois nous n'étions donc plus en France, et nous avions à avancer nos montres des 22 minutes dont le méridien de Paris est en retard sur celui de Berlin ; la malheureuse Elsass-Lothringen se développait à nos pieds, et nous n'avions plus qu'à regagner par de nouveaux lacets la belle vallée par laquelle nous allions nous y engager.

Située au fond de ce délicieux bassin, sur un cours d'eau qui l'arrose, la Lépvre, Sainte-Marie-aux-Mines, Markirch, est une petite ville de 13,000 habitants, florissante, propre et animée ; des gisements assez importants d'argent, de plomb, de cuivre et de fer,

qui y étaient jadis exploités, d'où lui est venu son nom,
sont depuis longtemps abandonnés ; mais il y a dans le
pays beaucoup d'usines, des tissages, genre de Roubaix,
qui y entretiennent une grande activité commerciale et
industrielle. Le français est resté la langue usuelle, et
comme je m'en étonnais, il me fut donné cette explication que Sainte-Marie a toujours fait partie de la
Lorraine et non pas de l'Alsace. Il nous est arrivé à
Markirch à peu près la même aventure que j'ai racontée, notre cocher voulant nous descendre à l'hôtel
du *Commerce*, où lui-même s'arrêtait, et nous, qui
nous défiions d'une maison inconnue, exigeant qu'il
nous conduisît à la station, où nous aimions mieux
déjeuner ; mais ce fut comme à Plombières, avec cette
circonstance aggravante qu'à Sainte-Marie nous étions
embarrassés de notre valise ; à cette gare inhospitalière
ni buffet ou plutôt ni *restauration*, puisque nous étions
en Allemagne, ni consigne ; il nous fallut donc, sous
une pluie battante qui par bonheur tombait moins
abondante, revenir, nous et nos bagages, *au Commerce*
duquel, ainsi que du *Lion d'Or*, je dois le reconnaître,
nous avions eu grand tort d'avoir mauvaise opinion, car
nous y avons été on ne peut mieux traités, et à des conditions suffisamment modérées, 3 francs par personne.

Au milieu de ces allées et venues, le moment du
départ arriva, et à deux heures et demie nous étions à
Schlestadt, n'ayant rencontré d'autres stations que j'aie
besoin de nommer que celle du Val de Villé, parce
que de là se fait l'ascension à une ruine imposante,
dont je vais dire un mot. On s'aperçoit bien vite, en
effet, que l'on est dans la vallée du Rhin, en découvrant
sur les hauteurs voisines des tours, des pans de mu-

railles, débris d'antiques manoirs qu'a dévastés le temps
ou la main de l'homme, les deux peut-être à la fois, et
sous ce rapport, de la gare de Schlestadtt, le panorama
est des plus grandioses. En face, à droite, au-dessus de
deux petits bourgs, Scherviller et Dambach, sont trois
de ces ruines, celles des châteaux de Bernstein, d'Or-
tenberg et de Ramstein ; à gauche, en est une quatrième, plus coquette, Kintzheim, et enfin, dominant
celle-ci, une haute montagne conique est couronnée
par une autre encore, la plus considérable qu'il y ait
dans toute la contrée paraît-il, le Hohen-Kœnisgbourg,
celle à laquelle on monte par le Val de Villé ; mais
alors que la base et les flancs de la pyramide étaient
dégagés, un petit nuage en a obstinément voilé le
sommet, nous empêchant d'y rien voir. En arrière est
la ville de Schlestadtt, avec son église au clocher rouge.
Dans ces mêmes parages, sensiblement plus loin cependant, sur une autre montagne, l'Ottilienberg, est
encore une curiosité de par delà les Vosges, les restes
du monastère où se retira du monde, après qu'aveugle
de naissance elle eût recouvré miraculeusement la vue
en recevant le baptême, et vécut dans la retraite au
VIIIᵉ siècle, une vertueuse princesse, issue de la maison
ducale d'Alsace, à peine connue dans nos pays, mais
dont le culte est populaire là-bas, la mémoire est en
honneur, et l'ancien couvent fait chaque année, le lundi
de la Pentecôte l'objet d'un pieux pèlerinage, Sainte-
Odile, dont j'ai tenu à ce que le nom figurât dans ce
livre comme étant celui d'une personne bien chère qui
me touche de très près. On s'y rend jusqu'à Obernai, de
Schlestadtt, ou bien encore de Strasbourg, *vià* Molsheim,
au moyen d'un tronçon transversal, par une voie ferrée

qui se détachant de celle de Bâle s'en va à Saverne, en
obliquant à gauche et longeant les montagnes, et de là
en voiture. Nous avions, nous, à suivre à droite la ligne
qui court parallèlement au Rhin, à travers des prairies
et des plaines dépourvues d'intérêt, et à l'heure dite
nous arrivions à Strasbourg.

Prenant alors le tramway, nous sommes allés place
Kléber, à l'hôtel de la *Maison Rouge*, où nous avons
été fort mal logés, dans le seul appartement qui fût disponible, nous dit-on, une chambre petite, au plafond
surbaissé, sans lumière et sans air, donnant sur une
ruelle où des odeurs si nauséabondes chatouillaient l'o-
dorat, qu'à peine osions-nous ouvrir nos étroites fenêtres. O contradiction ! me suis-je dit alors, et ce que
c'est que les voyages ! Dans sa propre demeure, parfois
on exagère les précautions hygiéniques, et l'on croirait
sa santé compromise si la moindre était négligée ; et
hors de chez soi, dans une ville où peut-être l'état sanitaire laisse à désirer, seulement on n'en sait rien, on
accepte un bouge infect et l'on y couche, une, deux,
trois nuits. Déjà, en 1879, avec Edmond, nous n'avions
été guère mieux traités à ce même hôtel de la place
Kléber; décidément, à la *Maison-Rouge*, ou bien la
malechance nous poursuit, ou bien les chambres mé-
diocres ne sont pas rares: dont acte, et à ce que n'en
ignorent ceux de mes lecteurs qui seraient tentés de
nous y suivre. C'est cependant un établissement considérable, bien tenu, toujours bondé de monde, mais
assez cher; notre logis nous coûtait 4 marks, ou 5 fr.;
la table d'hôte, somptueusement servie deux fois par
jour, à midi et demi et à six heures, avec un menu
digne du Grand-Hôtel, 1 thaler soit 3 fr. 75, vin non

compris. Mais nous lui avons fait de fréquentes infidé-
lités au profit d'un petit restaurant dit de la *Pomme de
Pin*, à prix fixe depuis 2 marks, plus le vin, situé
place Kléber, et signalé par mon *guide*, non pas toutefois comme il le dit n° 1, mais n° 7, au fond d'un
long portail et d'une cour, et celui-là, je n'hésite pas à
le recommander. On promit il est vrai de nous caser
moins mal le lendemain, mais ce jour-là, nous fûmes
dehors jusqu'au soir, et quand nous rentrâmes, par
application sans doute de ce principe que les absents
ont toujours tort, il nous fut répondu que la chose n'a-
vait pas été possible ; le dimanche, voyant que je n'étais
pas content, on offrit de nous mettre ailleurs : mais
nous partions le lundi, et nous fîmes comme à Gérardmer, nous restâmes dans le *statu quo*, pas le
même toutefois, par parenthèse, qu'entendait réclamer
l'autre jour devant nous en police correctionnelle un
détenu, fils de famille cependant et ayant reçu une
certaine éducation, qui, se disant citoyen américain,
voulait par là revendiquer le bénéfice de son statut
personnel.

Strasbourg. — La Forêt-Noire.

Je croyais me souvenir, et j'étais dans le vrai, qu'il
y a six ans, lorsque nous étions venus à Strasbourg, le
chemin de fer, avant de pénétrer dans l'enceinte, décri-
vait autour de la ville un long circuit ; je m'étonnais donc
qu'aujourd'hui le parcours ne fût plus le même, quand

j'ai vu qu'il n'aboutissait plus comme alors à une gare peu digne d'une grande cité, mais à une autre toute neuve, élevée sur un emplacement différent, sous le canon des nouveaux remparts, et qui, celle-là, non seulement est un véritable monument, mais encore ce que j'ai vu de plus magnifique en ce genre. Rien n'y manque en effet, ni le luxe des décors, ni le soin intelligent et heureux avec lequel sont disposés dans ce vaste et majestueux édifice les services si multiples que comporte une station de premier ordre. Pas de salles d'attente ; mais à l'entrée un hall où sont à droite, autour d'une sorte de kiosque, les guichets pour la distribution des billets, à gauche les cénacles affectés aux bagages ; dans le haut, des peintures murales représentant d'un côté une scène de la vie de Charlemagne, de l'autre, le vieil empereur Guillaume visitant l'Alsace-Lorraine, et recevant les hommages plus ou moins spontanés de ses nouveaux sujets. De là un long couloir, dont les parois sont couvertes de carreaux de faïence peinte, est pratiqué de plain-pied sous les rails, traverse la gare dans le sens de la largeur, et des escaliers qui y aboutissent desservent les différentes voies, et forment ainsi des dégagements faciles pour le départ et l'arrivée des trains. Partout des plaques indicatives montrent à chacun la direction qu'il doit prendre, et de la sorte les voyageurs, si nombreux qu'ils soient, s'écoulent et circulent sans encombrement, sinon toujours sans erreur.

Quand vient la nuit, tout cela s'éclaire à la lumière électrique, et le coup d'œil devient alors splendide ; nous sommes retournés au Bahnof pour en jouir, le soir de notre arrivée, car en Allemagne entre qui veut dans les gares et sur les quais, et va où bon lui semble

sans que personne demande ni ce qu'on y vient faire,
ni si l'on a un billet ; le contrôle a lieu au départ et en
marche ; et avant chaque arrêt le conducteur parcourt
le train, et recueille les tickets à destination de la
station suivante, moyennant quoi on monte en voiture
et l'on en descend librement. Il y a aussi à Strasbourg
une *restauration* luxueusement installée ; mais les prix
à la carte y sont très élevés : richesse de décors à part,
on s'y croirait au buffet du boulevard de l'Hôpital. Sur
la foi d'une annonce qui promettait des repas à partir
de 2 marks, nous avions résolu de souper là le samedi
soir, au retour de Triberg ; mais il nous fut répondu,
qu'il était trop tard pour un dîner à prix fixe ; qu'au
surplus on n'en servait guère que dans la matinée :
nous avons mangé cependant, et il nous en a cui tellement que nous n'avons pas eu envie de recommencer.
Aux alentours de la gare, un quartier neuf est en train
de s'organiser, avec une vaste place au-devant du Bahnof,
où sont des hôtels ayant assez grand air, une rue destinée
à la mettre en communication avec le centre de la ville,
de larges boulevards.

Mais là ne se bornent pas les nombreux embellissements qui depuis cinq ans ont déjà commencé à
transformer Strasbourg ; à l'autre bout, derrière la promenade du Broglie, un large espace se couvre d'habitations somptueuses ; l'enceinte bastionnée a été reportée
bien plus loin qu'elle n'était en 1870, et sur l'emplacement de la citadelle construite par Vauban ont été construits d'immenses établissements militaires, et va bientôt s'élever un château Impérial, tout cela sillonné par
un réseau animé de tramways, ayant son centre sur la
place Kléber, et de là rayonnant dans toutes les direc-

tions. Cette vaste esplanade elle-même est aujourd'hui
un square verdoyant, au milieu duquel se dresse la
fière statue du héros français, sans doute étonné et
bien triste de voir, à quelques pas, devant l'hôtel de
l'état-major, des soldats venus là des froides ré-
gions du Nord, au lieu des descendants de ceux qu'il a
conduits jadis à la victoire dans les sables brûlants de
l'Afrique.

Deux éléments nécessaires d'un voyage à Strasbourg
sont une promenade à Kehl et une visite à la fameuse
cathédrale, y compris la station de rigueur à midi devant
l'horloge astronomique, et l'excursion de la plate-
forme. Nous n'avons eu garde d'y manquer; mais je
me suis assez étendu sur ce double sujet, dans mon
livre de 1879, les *Bords du Rhin*, pour que je n'aie pas
à y revenir, si ce n'est en un mot, surtout après les
développements inattendus qu'a pris déjà ce récit, que
je croyais devoir être assez court. Louis, même après
les basiliques qu'il a déjà vues, a été émerveillé de l'aspect de la cathédrale de Strasbourg, de la flèche ou
munster, malheureusement unique, qui la domine, des
sculptures, des verrières dont elle est enrichie, que
sais-je enfin? de tous les détails que présente le splendide édifice. Pour lui tous les honneurs de l'horloge
ont été pour le chant du coq; le panorama si étendu
qui, le lundi matin, par un temps assez clair, s'est dé-
veloppé pour nous de la plate-forme, l'a aussi beaucoup
intéressé. Il en a été de même de la promenade de Kehl,
particulièrement animée ce jour-là, à raison de courses
de chevaux qui avaient lieu dans une prairie voisine,
bien que singulièrement contrariée par le temps, puisqu'il nous a fallu la faire au retour le parapluie à la

main ; et cependant nous l'avons encore allongée en entreprenant à pied, au lieu de revenir tout simplement par la Metzger-Thor, à peu près la course que nous avions faite en voiture avec Edmond il y a six ans, du côté de l'Arsenal. Nous avons également, le dimanche après la grand'messe que nous venions d'entendre à la cathédrale, circulé un peu au hasard à travers la ville, et il s'est alors trouvé sur notre chemin plusieurs des beaux bâtiments de la Renaissance, et des maisons étranges, à étages saillants et aux toits percés de fenêtres, qu'elle renferme, ainsi que le Temple-Neuf, une construction imposante, qui, dédiée jadis à saint Barthélémy, et devenue l'église des Frères Prêcheurs, est aujourd'hui consacrée à l'exercice du culte réformé.

Nous avons enfin visité dans un autre édifice religieux, également affecté aux protestants, Saint-Thomas, un monument que, ne l'ayant pas vu lors de mon premier voyage, je n'ai pu faire connaître à mes lecteurs, et dont je leur dois ainsi la description, un chef-d'œuvre de sculpture, dû au ciseau de Pigalle, le mausolée du Maréchal de Saxe, que Louis XV fit ériger à cette place en 1777. Devant une pyramide de marbre gris est placé un sarcophage ; au-dessus le héros est debout, la tête couronnée de lauriers, descendant d'un pas ferme les degrés qui conduisent au tombeau ; à sa droite apparaissent renversés sur leurs étendards brisés l'aigle d'Autriche, le lion belge, le léopard anglais ; à sa gauche, sur des drapeaux français, le génie de la guerre verse des larmes et tient son flambeau éteint ; plus bas et devant le Maréchal, la France éplorée s'efforce de le retenir d'une main, et de l'autre essaie de repousser la Mort, qui

montre au guerrier le sépulcre entr'ouvert sous ses pas;
de l'autre côté du sarcophage, Hercule, la tête appuyée
sur une main, est plongé dans la douleur. D'autres monuments ont encore été élevés dans le temple à des
savants qui ont illustré l'Université de Strasbourg.

Quand nous y sommes entrés, on célébrait l'office, et
même après les cérémonies imposantes dont nous venions d'être témoins à la cathédrale, la scène que nous
eûmes sous les yeux nous impressionna vivement. Le
Ministre était à l'autel, sur lequel brûlaient deux gros
cierges, lisant d'un ton grave des versets de la Bible,
et l'assistance répondait par des chants en allemand,
que l'orgue accompagnait, et dans lesquels nous dis-
tinguâmes cependant les mots *Amen* et *Alleluia*; dans
les stalles du sanctuaire étaient assis plusieurs officiers;
un assez grand nombre de soldats occupaient dans la
nef des places réservées, tous ayant une attitude et
dans une tenue irréprochables; quelques-uns, groupés
dans l'abside sous la direction d'un militaire gradé,
un chef de musique probablement, formaient un chœur
dont les voix mâles dominaient celles des autres fidèles.
Tout cela, je le répète, avait un caractère religieux qui
commandait le respect, quelque croyance que l'on eût,
et il me plaît de le proclamer ici, car j'aime à rendre
justice à ceux même, je dirais volontiers à ceux surtout
dont je ne partage pas la manière de voir, et par là, non
seulement je crois accomplir un devoir, mais encore il
me semble que je fais moi aussi de l'opportunisme, en
les plaçant dans la nécessité d'agir de même envers moi,
et que je les mets ainsi doublement dans leur tort, s'ils
méconnaissent... l'obligation qu'après leur conscience
leur impose encore mon exemple.

La veille, le samedi 22 août, nous avions fait l'excursion projetée dans la Forêt-Noire. Or, c'est là un
itinéraire assez compliqué. On suit d'abord le petit
tronçon qui par Kehl et Appenweier relie Strasbourg à
la ligne qui va de Bâle à Francfort par Fribourg en
Brisgau, à travers le grand duché de Bade, puis cette
dernière voie ferrée, sur un parcours de huit kilomètres
d'Appenweier à Offenburg, et là on l'abandonne, pour
un nouveau railway, qui aboutit à Constance par Singen.
Nous étions donc à la gare à huit heures un quart,
attendant, en dépit du mauvais temps, un train qui
vingt minutes plus tard nous emporterait dans cette
direction. Mais au départ de Strasbourg c'était un
express, qui avait toutes sortes de destinations, depuis
Carlsruhe et Francfort, au nord, jusqu'à Fribourg en
Brisgau au sud. Je ne savais donc dans quel wagon
monter ; quand je m'en informais on me renvoyait invariablement à la queue du train, où je ne voyais rien
de plus qu'ailleurs, et l'heure du départ allait sonner ;
par bonheur il se fit enfin une dernière manœuvre qui
nous tira d'embarras : à la suite des autres voitures on
en attelait une portant le mot sauveur : Konstanz.
Aussitôt nous y prîmes place, et c'était bien là notre
affaire, car une fois ainsi casés, sans aucun transbordement nous arrivâmes à Triberg.

De Strasbourg à Appenweier, mon livre de 1879 a
déjà décrit la route, et de là à Offenburg, le pays a la
même physionomie ; des plaines fertiles, celles du
Hanau ; mais à cette dernière station, le relief du terrain commence à s'accentuer. On s'engage en effet
dans la vallée de la Kinzig, et on va la remonter, ren-

contrant des villages dont les habitants, une forte race
dure à la fatigue et habituée aux privations, s'adonnent
au flottage du bois, de temps immémorial, Gengenbach,
Biberach, Steinach, Hausach. La vallée devient de plus
en plus étroite, la rivière fait mouvoir les roues de plusieurs établissements industriels ; mais on la quitte à
Hausach pour un de ses affluents, la Gutach (pardon,
lecteurs amis, de tous ces noms barbares) et ainsi l'on
arrive à Hornberg, au pied de la chaine principale des
montagnes de la Forêt-Noire, à travers lesquelles il va
s'agir maintenant pour la voie ferrée de se frayer un
passage. Et elle y réussit, mais non sans peine, car
pour sortir de cet épineux labyrinthe, les percées ordi-
naires ne lui suffisent pas, et elle ne peut triompher des
différences de niveau qu'elle a à vaincre qu'en se
livrant à de longs circuits dans les entrailles du rocher,
au moyen de deux de ces galeries tournantes avec lesquelles déjà nous avons fait connaissance ailleurs. Voilà
donc ce que signifient ces deux crochets tracés ici sur
les cartes, et qui depuis si longtemps m'intriguaient; le
désir d'en avoir l'explication *de visu* n'a certainement
pas été étranger au projet qu'aujourd'hui je réalisais,
d'autant plus qu'ils me donnaient l'espérance d'un trajet
pittoresque, et loin que mon attente ait été trompée,
elle a été plutôt dépassée. Je savais bien que des
chaines de montagnes sillonnaient la Forêt-Noire, mais
je ne pensais y trouver ni des paysages ayant à un
tel point un caractère alpestre, ni des ouvrages d'art
aussi considérables : nous nous croyions au Gothard.

Ainsi l'on débouche au sortir d'un dernier tunnel
dans une vallée à l'aspect grandiose, et le train s'arrête
à une gare où stationnent cinq ou six omnibus, et de

10.

laquelle on gagne, à un kilomètre plus loin, un village qu'on découvre à une certaine distance ; sur la route, qui présente une rampe assez forte, on voit avec étonnement des appareils de lumière électrique ; c'est paraît-il, à Triberg, car nous y sommes, l'éclairage municipal ; mais je soupçonne véhémentement les hôtels et l'été d'y être pour beaucoup : l'hiver, quand, les étrangers s'étant envolés, les naturels du pays en sont redevenus les seuls habitants, et que deux ou trois pieds de neige couvrent la terre, je me demande à quoi serviraient les lampes Édison, de cinq heures du soir à sept heures du matin, sinon à égayer les ébats des loups du voisinage en bonne fortune, ou des ours de la montagne en quête de gibier : or, je doute fort que pour leur faire plaisir on continue alors à se payer le luxe d'un pareil éclairage. Quoi qu'il en soit, Triberg, on ne saurait le nier, est entré résolument dans la voie du progrès. Ce n'est cependant qu'un bourg de 1,500 âmes, à 687 mètres d'altitude, composé d'une seule rue, mais au milieu d'un site incomparable, le plus beau qu'il y ait dans la Forêt-Noire. Aussi est-ce le rendez-vous et l'étape obligée des voyageurs qui vont d'Offenburg à Constance.

La plupart s'arrêtent encore plus loin, à une autre station, à moitié chemin à peu près entre Triberg et Schaffouse, à Donau-Eschingen, afin d'y voir ce qui y passe pour la source du Danube (en allemand *Donau*), la réunion de deux ruisseaux, la Brigach et la Brege, qui mêlant ici leurs eaux à celles d'une fontaine qui jaillit de terre, dans le jardin du château, deviennent ce grand fleuve et en prennent le nom ; mais cela nous aurait entraînés au delà de nos prévisions. Le temps

qui était devenu épouvantable, — il pleuvait à verse, —
nous a même empêchés de nous promener aux alentours de Triberg, ainsi que d'effectuer en voiture au
retour, comme j'en avais l'idée, le trajet par la montagne, qui m'avait été recommandé, au moins jusqu'à
Hornberg, pour ne reprendre que là la ligne ferrée;
peut-être cependant m'y serais-je décidé, car ce doit
être très beau, ne fût-ce que pour nous aider à attendre
le train, si l'on ne m'avait demandé un prix qui m'a
paru exorbitant pour une aussi courte excursion,
12 marks. Tout ce que nous avons pu faire a été d'aller
visiter avant dîner, le parapluie en main, ce qui est la
great attraction de Triberg, et mérite de l'être, la belle
cascade, ou Wasserfall, que forme, à l'extrémité de la
rue du bourg, le Fallenbach, un torrent qui descend
d'une crête escarpée et sauvage, sept chutes superposées, tombant sur des blocs de granit, au milieu d'un
épais bouquet de sapins; des ponts rustiques, auxquels
on arrive par des sentiers ménagés dans le bois, sont
jetés par-dessus, jusque sur la cinquième chute, et de
ces belvédères élevés, la vue plonge sur l'eau qui roule
en bouillonnant, et bondit sur les rochers, en même
temps que se développe la riante vallée de Triberg,
dans un cercle de montagnes couvertes de forêts. Nous
nous étions présentés en arrivant dans un certain hôtel
Werhlé, que le fils d'un honorable voisin, venant de
passer à Triberg, nous avait indiqué comme étant l'un
des meilleurs du pays ; or, moins heureux que lui nous
ne savions pas l'allemand, et les maîtres de la maison
ignoraient non moins complètement le français. Mais
plus civilisé le portier intervint à propos; il nous apprit
que la table d'hôte était servie à midi et demi, et qu'elle

était *très bonne* et *pas chère*, 2 marks et demi. Le
rusé compère négligeait d'ajouter que le vin se payait
en sus, et nous serait compté 1 mark 30 pfennige,
1 fr. 65 environ, la demi-bouteille, d'assez bon Affen-
thaler, il est vrai. A part cela, il avait dit vrai, et le
dîner fut jugé excellent; mais je l'aurais, je crois,
trouvé meilleur encore, si je n'avais eu presque en face
de moi un vis-à-vis peu agréable, un homme ayant une
vraie figure de satyre, et qui devait en avoir aussi les
habitudes, à en juger par ses assiduités auprès d'une
fille de service, laquelle n'avait pas, elle non plus, les
allures d'une vertu bien farouche; les propos galants
s'échangeaient en allemand, ce qui nous procurait
l'avantage de n'en rien comprendre ; mais nous voyions
et nous devinions, et c'était déjà trop.

N'ayant rien de mieux à faire, nous avons alors rega-
gné la gare pour y attendre, deux heures encore, le passage du train par lequel nous reviendrions à Strasbourg.
Mais le matin, à la vue d'un ciel chargé de nuages, et
craignant... ce qui devait arriver, nous avions pris nos
précautions, et nous étions munis de tout ce qu'il fallait pour écrire : dans la salle d'attente, *wart saal*,
Louis s'occupa donc de mettre au courant notre corres-
pance, et moi ma comptabilité. Quatre heures son-
nèrent enfin, et le train se montra. Je savais que c'était,
au lieu de l'omnibus, *personalzug*, qui nous avait
amenés le matin, un express, *schnellerzug*, de sorte
que je m'étais fait délivrer, en sus de notre billet ordinaire, les coupons nécessaires, à raison du supplément
de 10 p. 100 qui au delà du Rhin, très justement à mon
avis, s'ajoute en pareil cas aux taxes du tarif ordinaire,
et nous revînmes rapidement à Appenweier; seulement

toutes les voitures continuaient sur Francfort et il nous
fallut rester là cinquante minutes, jusqu'au départ de la
correspondance pour Strasbourg, où nous n'arrivâmes
ainsi qu'à sept heures et demie. Mais ce long temps
s'écoula assez vite, égayé qu'il fut par l'observation
d'un de ces types qui semblent faits pour charmer en
voyage les moments d'ennui. Ce fut ici le portier de la
gare qui s'en chargea, un estimable personnage, pré-
posé en Allemagne au soin d'annoncer le départ des
trains, en faisant défiler sur ses lèvres la nomenclature
des stations du parcours : or celui-ci s'acquittait de son
ingrate besogne avec une rare distinction. Sa voix de
stentor nous déchirait les oreilles par les éclats gutturaux,
semblables au bruit du choc de plaques métalliques,
que produisent en se heurtant les syllabes hérissées de
consonnes des noms propres tudesques. Puis d'un geste
plein de dignité, il indiquait du doigt aux voyageurs les
voitures où ils devaient monter : allant alors se poster
près de la cloche, dans la pose d'un canonnier qui a le
doigt sur la corde de l'étoupille, il attendait ainsi
l'heure du départ, pour en donner le signal, en frappant avec le battant, au moyen d'une lanière de cuir
qui y est fixée à cet effet, les trois coups réglementaires,
qui chez nos voisins tiennent lieu du son de la clo-
chette agitée à la main, en usage chez nous. En Allemagne, d'ailleurs, les employés de chemins de fer ont
généralement une attitude et une tenue plus correctes
que les nôtres, et comme exemple je citerai ce détail
qu'ils ne passent jamais à côté de la casquette rouge
d'un chef de gare sans lui adresser le salut militaire.

Nancy. — Metz. — Gravelotte.

Nous avons quitté Strasbourg, le lundi 31 Août, à
onze heures vingt minutes du matin, nous dirigeant vers
Nancy, pour y arriver à quatre heures et demie, la
route se faisant à nos frais jusqu'à Lunéville, comme je
l'ai déjà expliqué, et ensuite au moyen de nos billets
circulaires, qui désormais nous serviraient jusqu'à
Paris. Ce sont d'abord des plaines découvertes, dont
les moindres mamelons, aux abords de Strasbourg, sont
hérissés de forts détachés, et dans lesquelles court parallèlement à la ligne ferrée le canal de la Marne au Rhin.
Puis se présentent des accidents de terrain qui se dé-
veloppent de plus en plus. Ce sont les Vosges, et à
Saverne, en allemand Zabern, on pénètre résolument
dans leurs profondeurs, pour y devenir tout à fait engagé à Lutzelbourg, dix kilomètres plus loin. Aussi,
arrivé à la base d'une haute montagne, que couronnent
les ruines du château de ce nom, le train s'enfonce-t-il
dans un long tunnel, celui de Hommarting, et quand il
en ressort, au bout de près de trois kilomètres, on est
étonné de retrouver à gauche le canal, qu'on avait vu à
droite s'engouffrer lui aussi dans un souterrain, l'un et
l'autre s'étant croisés chemin faisant. Jusqu'à Paris, je
le dis une fois pour toutes, ils iront ainsi de conserve,
auxiliaires passifs d'une entreprise commune, la grande
industrie des transports commerciaux. Mais la chaîne
est alors complètement franchie; à peine quelques contreforts s'en montrent çà et là, et c'est ainsi que dé-

passant Sarrebourg, nous revoyons à Avricourt notre
frontière tristement déplacée. Puis viennent : Lunéville,
qui ne nous avait pas paru valoir qu'on s'y arrêtât,
et la vue que nous en découvrons en passant ne nous
inspire pas le moindre regret de cette détermination ;
Blainville-la-Grande, où aboutit la ligne d'Épinal, Ro-
zières, où s'exploitèrent jadis de vastes salines, Varan-
geville, une station qui dessert, à deux kilomètres de
là, un bourg populeux sur la Meurthe, Saint-Nicolas,
autrefois une ville florissante, que signale seulement
aujourd'hui son église, imposante construction gothique,
et l'on arrive bientôt à Nancy.

J'avais été trop content il y a six ans du petit hôtel
où nous avions logé, pour ne pas y retourner, l'*Hôtel
de Metz*, rue Stanislas, assez loin du centre de la ville,
mais ayant par contre l'avantage, que j'apprécie beaucoup, d'être à deux pas de la gare, et cette fois encore
nous n'avons eu qu'à nous en louer ; la même personne,
il est vrai, tient toujours la maison, seulement elle est
devenue veuve, et presque toujours retenue sur une
chaise longue, la pauvre femme est dans un triste état.
En attendant la table d'hôte, qu'on y sert à six heures
et demie, puis le mercredi, au lendemain de l'excursion
dont je parlerai bientôt, jusqu'au moment de notre
départ, nous avons eu largement le temps de visiter
Nancy, et je puis par conséquent en parler plus sa-
vamment encore que dans mon petit volume de 1879.
Non seulement donc j'ai vu de nouveau ce que j'ai
décrit alors, et je n'y reviendrai pas : la statue, la
place et la rue Stanislas, le monument en l'honneur de
M. Thiers, en face de la gare, la place Carrière, le parc
magnifique de la Pépinière, l'église des Cordeliers, et à

côté la Chapelle Ronde, qui m'a semblé cette fois, je l'avoue, un peu pâle, comparée à la chapelle des Médicis, que je pouvais maintenant lui opposer. Mais encore nous avons pu ne pas négliger à cette seconde visite bien des choses que j'avais dû laisser de côté à mon premier voyage, et celles-là, je me fais un devoir de les ajouter ici à la liste assez longue déjà des autres : mes lecteurs de 1885, après ceux de 1879, seront ainsi convaincus, comme je l'ai été moi-même, et je le suis aujourd'hui plus que jamais, que Nancy est une cité éminemment intéressante, et bien supérieure à la plupart des villes de son importance. Il en est même une qui, par son air grave, ses larges rues, ses jardins déserts, ses palais solitaires, ses vastes places un peu vides, ses perspectives fuyantes, rappelle tout à fait Versailles : Versailles, la cité silencieuse de Louis XIV, le Roi-Soleil, comme Nancy est l'ancienne capitale de Stanislas, le bon Roi.

La cathédrale Saint-Georges est un édifice imposant, et je ne dois rien oublier de ce qu'elle a de curieux : sa large façade de 50 mètres, ses tours décorées de pilastres et de balustrades, que surmontent des dômes terminés eux-mêmes par une lanterne en pierre ouverte de toutes parts, et entourée d'un balcon en fer ; les peintures de sa coupole, les grilles, les statues, les quelques bons tableaux qui en embellissent les nefs et les chapelles. Mais un autre monument, à l'aspect plus élégant, et dont surtout l'ornementation intérieure est bien autrement luxueuse, est une église assez récemment bâtie sous le vocable de Saint-Epvre, à l'angle de la place du même nom : c'est même ici de la magnificence, j'allais dire de la profusion, si l'on pouvait en quoi que ce soit être prodigue envers Dieu, boiseries, vitraux à toutes les fenêtres, autels de marbre blanc, rien ne manque : on n'en voit pas davantage dans les basiliques les plus somptueuses de Paris. Sur la place au-dessus d'une fontaine s'élève une satue équestre de René II, duc de Lorraine. Dans une sorte de faubourg, au delà du chemin de fer, une troisième église également neuve, et dédiée à saint Léon, est elle aussi richement décorée, et dans un autre quartier, une quatrième encore est en construction; il est rare, on le voit, de rencontrer dans une ville de second ordre, un ensemble aussi remarquable de monuments religieux.

Ailleurs est la place d'Alliance, ainsi nommée en souvenir du traité signé le 1er mai 1756 entre Louis XV et Marie-Thérèse : entourée d'un double rang de tilleuls, elle est ornée au centre d'une fontaine composée d'un grand bassin hexagone, au milieu duquel est sculpté un rocher où sont appuyés trois fleuves, sous la figure de vieillards, lesquels supportent un plateau triangulaire servant à son tour de base à un obélisque, surmonté d'une renommée : un groupe des plus compliqués, comme on peut le constater par cette description passablement embarrassée, et dont la conception artistique n'est pas plus un type de simplicité que la construction grammaticale de la phrase que je viens d'enfanter péniblement, ne peut passer pour un modèle de style académique. Sur une jolie promenade plantée d'arbres, le cours Léopold, s'élève au rond-point un beau piédestal en marbre blanc, sur lequel est la statue en bronze, par David d'Angers, avec quatre bas-reliefs aussi en bronze, qui en décorent les faces, d'un enfant de Nancy, le général Drouot. Dans le Jardin-des-Plantes, un petit

enclos assez modeste, situé à l'extrémité de la rue
Sainte-Catherine, tout près de l'abattoir, et qu'attristent
les beuglements des animaux qu'on y égorge, un autre
monument, un obélisque en granit des Vosges, surmonté du buste du docteur Crevaux, et dont la base
est arrosée par une fontaine, vient d'être érigé à la
mémoire de l'infortuné explorateur sous les auspices de
la Société de géographie de l'Est. Les sept ou huit
portes, morceaux d'architecture un peu massifs, qui
donnent accès dans Nancy, n'en sont pas une des
moindres curiosités; mais la plus remarquable est la
porte Notre-Dame, originairement de la Craffe, un des
plus anciens édifices de la vieille ville, une voûte sur-
baissée, flanquée de deux grosses tours, et par laquelle les ducs faisaient autrefois leur entrée. Les
autres, un peu plus élancées, sont des arcs de triomphe,
qui terminant majestueusement les rues de la ville,
rendent encore plus imposante la physionomie de ces
longues avenues, irréprochablement tirées au cordeau.

Un de ces monuments est la Porte Saint-Nicolas, au
bout de la rue Saint-Dizier, et à l'entrée du faubourg
Saint-Pierre qui est en même temps la route de Strasbourg, et de ce côté se fait une excursion d'autant plus
facile, que, progrès réalisé depuis 1871, il y a à Nancy
plusieurs lignes de tramways, et qu'une d'entre elles,
partant de la place de l'Académie, suit cette direction,
et s'arrète précisément en face de Bon-Secours, l'église
qu'il s'agit de visiter. Là sont les mausolées du roi
Stanislas et de son épouse Catherine Opalinska, et
d'autres sépultures, ainsi qu'une statue antique et
honorée qui est l'objet d'un pèlerinage très fréquente :
les fidèles sont toujours en prières devant la sainte-

image, et de nombreux *ex-voto* appliqués aux murailles témoignent de la piété reconnaissante des Nancéiens. Il semble même qu'il soit d'usage que les jeunes époux fassent une station dans ce sanctuaire privilégié, au sortir de leur messe de mariage, et viennent y baiser une relique exposée à la vénération publique : une noce tout entière arrivée à Bon-Secours, pendant que nous y étions et a accompli cet acte de dévotion.

J'avais proposé à Louis, comme il y a six ans à son frère, d'aller passer une journée à Metz ; il avait accepté avec empressement, et nous nous étions arrangés pour que notre séjour n'y coïncidât point avec la date de leur victoire et de nos désastres à Sedan, que nos vainqueurs célèbrent toujours avec enthousiasme. Mais je dois leur rendre cette justice qu'ils ont le tact et le bon sens de n'en rien faire dans les provinces annexées, et le 2 septembre ne s'y distingue ainsi des autres jours que dans les cœurs restés français par une douleur plus poignante, au retour du fatal anniversaire. J'avais attribué un moment à ce que nous en étions à la veille, la présence de drapeaux qui flottaient sur les forts ; mais cela tenait, nous a-t-on dit, à ce qu'ils recevaient la visite d'un général inspecteur.

Le mardi 1er septembre, nous avons donc pris à Nancy le train de 8 heures 55 du matin, et à 11 heures 40 nous étions à Metz, après le parcours que j'ai décrit dans le temps, le long de la Moselle, par Frouard, Pompey, où des torrents de fumée signalent des usines importantes, forges et hauts-fourneaux, Pont-à-Mousson, la station-frontière de Pagny, et de là sur le territoire allemand, par Ars et Noveant. Mais, au lieu de revenir à six heures, comme avec Edmond, nous ne sommes rentrés qu'à neuf heures, après avoir déjeuné et diné à la *restauration* du Bahnof, où se lit toujours la devise : *Festina lentè*, buffet et gare restés aussi déserts que nous les avions trouvés en 1879; est-ce à cause de leurs vastes proportions, ou pour tout autre motif; je n'en sais rien, mais même à l'heure des trains, jamais à cette station cependant importante de Metz ne règne une véritable activité. La physionomie de la ville m'est apparue la même: une attitude passive, triste et résignée ; peu de monde dehors, sur la belle promenade de l'Esplanade, presque personne ; l'animation des rues provient surtout des soldats de la garnison, qui y circulent en grand nombre, et de brillants officiers continuent à se promener avec des airs vainqueurs. Il est vrai qu'à part la société des leurs, c'est là probablement leur seule distraction, et qu'ils se dédommagent ainsi de la solitude où les laissent les classes élevées de la population. La toiture de la cathédrale, aujourd'hui complètement rétablie, lui a rendu son véritable aspect, et l'harmonie de ses proportions : un splendide portail latéral, aux fines sculptures, vient d'être restauré, et le majestueux édifice dont j'ai fait admirer à Louis les riches verrières achève de se dégager des constructions dont le voisinage le déshonorait. Enfin, Metz, a aussi à présent des tramways.

Mais nous n'y sommes pas restés beaucoup, et l'objet principal de notre excursion était une visite, j'allais dire un pèlerinage, aux champs de bataille de Gravelotte, et s'il avait été possible, de Mars-la-Tour et Saint-Privat ; malheureusement le temps nous a manqué pour aller jusque sur les deux derniers, et il a

suffi du premier pour occuper les quatre heures que
nous avions devant nous. Cette course comporte en effet
plus de 30 kilomètres : on va par le Ban Saint-Martin,
où fut pendant le siège le camp français, sous le canon
du fort Saint-Quentin, dont nous avons vu ainsi se
développer devant nous la formidable position, et notre
cocher nous a montré la maison où était le quartier du
maréchal Bazaine, de même qu'au retour il nous a fait
voir sur l'autre rive de la Moselle, le château, résidence
du prince Charles-Frédéric, où fut signée la fatale ca-
pitulation. Puis on traverse des villages de la banlieue,
Moulins-lès-Metz, Longeville, et l'on arrive à une suite
de mamelons dénudés, pierreux et incultes qui finissent
par former un plateau où circule la route, et dont l'autre
versant s'incline doucement vers la plaine où est le
petit bourg de Gravelotte.

C'est sur ces hauteurs que s'arrêtèrent le 16 août,
au lendemain des batailles de Saint-Privat et Mars-la-
Tour, nos soldats que suivait l'armée allemande, et là,
appuyés sur des fermes, ils attendirent l'ennemi, qui
de son côté se déploya devant eux. La lutte commença
par d'effroyables décharges d'artillerie, qui couvrirent
nos rangs de projectiles ; à un endroit qu'on nous in-
diqua, 95 pièces de canon étaient en batterie ; puis à
trois reprises, les officiers lancèrent à l'assaut de nos
positions leurs colonnes, qui deux fois furent repoussées.
Mais il advint ce qui nous acheva toujours, dans cette
funeste campagne de 1870-1871 ; moins nombreux,
nous n'avions à opposer aux assaillants que des hommes
fatigués et toujours les mêmes ; eux, au contraire,
avaient derrière eux de formidables réserves, qui leur
permettaient de remplacer par des troupes fraîches les

bataillons rompus par un premier choc ; et alors ainsi accablés, il nous fallut abandonner le plateau, que s'empressèrent d'occuper les Allemands. C'en était fait désormais, l'investissement de Metz devenait complet ; si ce n'est quelques sorties sans importance, la garnison et l'armée de secours étroitement bloquées ne tentèrent plus aucun effort et la catastrophe finale se produisit, sans que Bazaine eût pour l'éviter ou la retarder essayé de tous les moyens que lui imposaient le devoir et l'honneur : le conseil de guerre de Trianon l'a décidé, et supérieure aux passions politiques, l'autorité qui s'attache à la chose jugée me donne le droit de le dire après lui.

Mais les vainqueurs de Gravelotte avaient chèrement acheté leur succès ; le terrain avait été disputé pied à pied, et si les Français avaient essuyé des pertes cruelles, leurs adversaires plus nombreux et plus exposés avaient encore été plus gravement éprouvés ; c'est assez pour s'en faire une idée de voir les tertres funéraires, surmontés d'une croix de bois et çà et là d'une colonne ou d'un monument en pierre dont la plaine est parsemée sur un large espace, plus pressés à mesure qu'on approche davantage de la ligne des hauteurs, sans compter les sépultures réunies plus en arrière, dans un cimetière militaire spécial. Seulement il n'y a là que des mausolées allemands ; pour en trouver de français il nous aurait fallu aller les chercher à Saint-Privat ou Mars-la-Tour, ou bien encore près de Metz, à Chambière, où chaque année, au mois de septembre, j'en lisais encore le récit un de ces jours, les Messins font une pieuse et patriotique manifestation sur les tombes des 7,000 français qui y sont ensevelis.

C'était le second champ de bataille que nous visitions ; mais à Waterloo le long temps écoulé avait fait que la curiosité seule nous y avait conduits, et la vue des plaines de Mont-Saint-Jean nous avait laissés indifférents. Ici au contraire, l'horreur des scènes de carnage qui s'étaient passées, et dont notre cocher nous racontait les plus sanglantes épisodes, en nous montrant avec le manche de son fouet les endroits où ils s'étaient produits, le souvenir relativement encore récent de la catastrophe qui les avait suivis, tout était de nature à nous émouvoir davantage, et fit en effet sur nos esprits une impression profonde, Oui, à Gravelotte aussi, dans les âges futurs, pourra s'appliquer la pensée du poète : le laboureur, en défonçant le sol,

Effossis mirabitur ossa sepulcris ;

et dans son sens figuré sera vraie l'épithète *Grandia* qui commence le vers, car ce furent de nobles victimes qui tombèrent là, esclaves du devoir, et cependant leur dévouement héroïque a été inutile, car il n'a pu conserver à la France la terre où ils reposent, et la frontière est à un kilomètre environ en arrière du village, ce qui n'empêche pas, détail qui nous a un peu consolés de la tristesse de le savoir allemand, que tout le monde dans le pays parle français, même les plus jeunes enfants... Nous sommes allés reprendre ensuite la route de Metz, d'abord par un ravin sauvage qui de Gravelotte nous a fait descendre à Ars-sur-Moselle, et ensuite par un chemin qui de cette petite ville nous a ramenés au bourg de Moulins, à travers les très importants éta-

blissements métallurgiques qui s'exploitent dans cette
riche vallée, des hauts-fourneaux alimentés par des gisements que recèlent dans leurs flancs les collines du
voisinage.

———

De Nancy à Paris.

On m'avait dit quelque bien de Bar-le-Duc : il fut
donc convenu que prenant à Nancy le train de 3 heures,
le mercredi 2 septembre, nous irions dîner et coucher
dans ce chef-lieu probablement très modeste du département de la Meuse. Nous aurions bien voulu pouvoir
en passant rester une heure ou deux à Toul, dont on
découvre de la voie ferrée les deux églises, ainsi que
les nombreux forts détachés, qui, partout où l'on a pu
en établir, sur les hauteurs des alentours, font de cette
position une place de guerre de première importance ;
mais, des trains dont nous aurions pu profiter, soit
pour y aller, soit pour en repartir, tel ou tel ne s'y arrêtait pas, le nôtre le premier, mais seulement à Commercy, 25 kilomètres plus loin ; force nous fut donc
de continuer notre route, de telle sorte que vers cinq
heures et demie, nous étions au *Grand Hôtel de Metz
et du Commerce*, autrement dit *Hôtel Lambert*, boulevard de la Rochelle, à Bar-le-Duc, et comme nous
devions partir le lendemain matin à neuf heures, nous
nous sommes mis en devoir, jusqu'à l'heure de la table
d'hôte, de visiter la ville: c'est assez dire qu'il n'y en a

pas pour bien longtemps, et cependant on ne saurait nier qu'on y trouve un véritable plaisir.

Bar-le-Duc se divise en deux parties, ville basse et ville haute, et suivant M. de Conty qui d'habitude est pourtant si exact, c'est à voir la première qu'il faudrait surtout s'attacher, comme étant le centre du mouvement et des diverses administrations, et à peine devrait-on monter à la seconde. Mais l'honorable auteur me permettra de ne pas être de son avis, une fois par hasard : peu m'importe, en effet, la Préfecture, le Lycée et le Théâtre, et le reste, même le Palais-de-Justice, tout magistrat que je suis, édifices sans caractère ; quant à la place Reggio, et à la statue de l'illustre maréchal duc Oudinot, qui s'y trouve, elles n'ont rien aussi que de très ordinaire, et, enfin, certain café des *Oiseaux*, qui serait une des curiosités de Bar, comme renfermant dans de nombreuses vitrines tout un musée d'histoire naturelle, m'a semblé ne pas valoir la consommation dont il en faudrait payer l'entrée. C'est donc la ville haute que sans s'amuser aux bagatelles d'en bas il faut escalader, surtout si comme nous on n'a qu'une heure à dépenser, soit par la rampe destinée aux voitures, soit plutôt par l'escalier réservé aux piétons. Et comme là il n'y a que deux choses à voir, et que l'une et l'autre sont intéressantes, bien que la montée soit assez difficile, ce sera tout profit, car on aura bien vite fait, et on n'aura perdu ni son temps ni sa peine.

C'est d'abord la tour de l'Horloge, le seul débris qui reste de l'ancien château des ducs de Bar, et de là le regard embrasse la ville basse, la petite rivière de l'Ornain, bordée de peupliers, et en face des coteaux boisés qui bornent l'horizon. Prenant alors à droite la rue des

Ducs, après de curieuses maisons des XVe, XVIe et XVIIe siècles, on arrive à une église qui date du XIVe sauf le portail, bâti par Louis XI, et flanqué d'une tour que surmonte un campanile assez gracieux, Saint-Pierre, dont l'intérieur présente plusieurs détails singuliers d'architecture. Toutefois ce qu'on y trouve de plus remarquable est une œuvre d'un célèbre sculpteur lorrain du XVIe siècle, Ligier Richier, élève de Michel-Ange, et qui décorait jadis le mausolée du prince d'Orange, René de Châlons, mort en 1514, au siège de Saint-Dizier, une statue en marbre blanc, plus grande que nature, représentant un cadavre dont la chair décomposée et attaquée par les vers laisse apercevoir par endroits les muscles et les os : c'est horrible de réalisme, mais en même temps merveilleux comme étude. Il y a encore dans la ville haute le couvent des Sœurs Dominicaines, immense construction que précède une chapelle moderne, dans le style ogival ; vu d'en bas, tout cela offre un aspect assez imposant et qui ne manque pas d'originalité. Le soir quelque chose d'un peu étrange est de voir de loin briller dans les airs au milieu des ténèbres le cadran éclairé de la Tour de l'Horloge, sans découvrir comment se trouve suspendu là le cercle lumineux, la tour elle-même qui la supporte et le roc sur lequel elle est bâtie étant tout entiers plongés dans l'obscurité.

Un voyageur venu des Vosges à Bar-le-Duc, et qui en repart pour Paris, doit se faire de nos concitoyens des provinces de l'Est, au souvenir des friandises qu'il y a vues aux vitrines des pâtissiers et confiseurs, ou qu'on lui a présentées au passage dans les gares, cette opinion que ce sont de fiers gourmands, ou s'il veut être

plus poli, des gourmets éminents ; il est vrai qu'ils
pourront lui répondre que c'est moins à eux-mêmes
qu'à lui et à ses pareils que sont destinées ces douceurs,
et il faut convenir qu'un coup d'œil jeté sur les bagages
du susdit voyageur ne leur donnera pas tort. Car voici
pour le moins ce qui très probablement s'y trouvera :
1º Une caisse de six ou douze pots, que, suivant le
nombre des heureux qu'il aura voulu faire, notre tou-
riste aura achetés à Bar-le-Duc, des confitures exquises
de groseille qui s'y confectionnent ; 2º une autre, plus
petite, contenant une ou deux douzaines de ces made-
leines, à la pâte délicate quoiqu'un peu lourde, que la
veille il se sera procurées à Commercy, ou qu'on lui
aura offertes à la portière de la voiture, si comme nous
il ne s'y est pas arrêté ; 3º et 4º et pareille quantité de
larges massepains, qu'à Nancy il aura logés dans sa
valise pour y tenir compagnie aux nonnettes chanoinesses qui y étaient déjà depuis Remiremont, sans
compter les pâtés de truites qu'il aurait pu y joindre, des
macarons des sœurs ; et à propos de ce dernier produit,
qu'on n'aille pas s'imaginer que des mains congréga-
nistes y travaillent. Non, car son histoire est tout simplement celle-ci : Il était autrefois à Nancy un pâtissier,
appelé Macaron, qui un beau jour, heureusement inspiré, imagina le délicieux petit gâteau dont il s'agit,
lequel fut baptisé de son nom ; cet homme de génie
mourut, laissant deux filles, qui tout naturellement
furent les sœurs Macaron ; trouvant que le four paternel avait du bon, elles continuèrent à le chauffer,
et c'est ainsi que, retournant l'étiquette, de ce que con-
fectionnaient les sœurs Macaron on fit les macarons des
sœurs. Et cependant, par une sorte d'artifice assez

étrange, — mais sur le chapitre de la réclame on peut
s'attendre à tout, — leur marque de fabrique est un portrait de religieuse, avec ces mots pour exergue : *Maison des sœurs Macarons, à Nancy,* comme si c'était un
ordre monastique que ces sœurs Macarons.

Ce voyageur, on l'aura deviné, c'est nous, son fait
est le nôtre ; et par le tour de phrase qui m'est venu à
l'idée, je me suis proposé seulement d'énumérer les
choses excellentes qu'on peut rapporter d'un voyage de
l'Est. Oui, je l'avoue, en quittant Bar-le-Duc, le jeudi
matin 3 septembre, nous avions avec nous celles dont
je viens de donner le menu alléchant, pour les répartir
entre qui de droit, et craignant qu'il n'y eût pas encore
de quoi contenter tout le monde, à Châlons-sur-Marne
nous y avons ajouté deux paquets de biscuits roses de
la maison Fossier à Reims, authentiques ceux-là, non
des biscuits de Reims d'Orléans, comme les produits
Flament ; nous aurions même pu les prendre au buffet,
si j'avais consenti à en donner 1 fr. 25, au lieu de 80 centimes que je savais qu'ils coûtent, « les 45 centimes de
supplément étant pour le transport, » m'a dit en riant le
garçon, qui n'avait pas l'air d'un sot. Mais ce n'est
pas tout encore, car si nous étions venus de Metz à Châlons par une autre voie que la ligne d'Avricourt, il n'aurait tenu qu'à nous, après avoir complété notre dessert
à Verdun, au moyen d'un sac de dragées, de nous
procurer un peu plus loin, à Sainte-Menehould, et de
mettre dans nos bagages, comme plats de résistance, à
côté d'un pâté que nous y aurions déjà logé à Strasbourg, deux ou trois de ces pieds de cochons (sauf
votre respect) qui ont valu à cette petite ville une certaine notoriété... dans les livres de cuisine. Enfin, à

Épernay, pour arroser tout cela, et fêter notre retour, il nous eût été facile de nous munir d'un panier, contenant quelques bouteilles du nectar mousseux de la veuve Cliquot, à moins que, plus égoïstes, nous nous fussions bornés à en déguster un verre au buffet, moyennant 50 centimes.

Nous allions donc à Châlons-sur-Marne ; arrivés à onze heures un quart nous y déjeunerions, puis nous visiterions de la ville ce que nous pourrions, jusqu'au départ d'un train par lequel nous nous en irions directement à Paris, nos billets étaient encore valables pour toute la journée du lendemain ; mais outre qu'il n'était peut-être pas prudent d'attendre pour en épuiser le bénéfice que leur dernière heure de validité eût sonné, nous nous en étions servis dans la mesure de ce que nous voulions voir : pourquoi aurions-nous donc tenus à en profiter jusqu'au bout ? Les stations un peu importantes de la ligne sont alors : Sermaise, une localité de 2,500 âmes environ, où sont des eaux minérales salino-ferrugineuses froides, ayant beaucoup d'analogie avec celles de Contréxeville, mais moins connues, qui s'emploient avec succès en boissons, bains et douches, contre l'anémie, les maladies du foie et de la rate, les calculs hépatiques et même la gravelle ; Blesmes, d'où part un embranchement se dirigeant sur Chaumont, par Saint-Dizier et Joinville ; et enfin Vitry-le-François, chef-lieu d'arrondissement de la Marne, de 7,000 habitants, qui, détruit par Charles V en 1544 (c'était alors Vitry-le-Brûlé), fut rebâti par François Ier à 5 kilomètres de son emplacement primitif, d'où lui vient son nouveau nom ; une statue de bronze par Marochetti, y a été érigée à Royer-Collard, dont c'est le

pays natal. Puis on franchit la Marne une première
fois, et à travers des plaines stériles et crayeuses, à l'aspect désolé, dépassant à gauche, à Coolus, la ligne qui,
par Troyes, Sens et Montargis, relie les trois réseaux
de l'Est, de Lyon et d'Orléans, on arrive à Châlons,
près de la Marne qui, baignant autrefois les remparts
de la ville, coule maintenant à 200 mètres plus loin,
depuis qu'en 1776 on lui a creusé là un nouveau lit,
celui qu'elle occupait alors devenant un double canal,
le Mau et le Nau ; et entre tout cela les communications
sont facilitées par 22 ponts, dont l'un, celui qui est
voisin du chemin de fer, est une construction assez imposante.

Châlons compte 23,000 habitants ; on s'y rend de la
gare par le pont dont je viens de parler, un faubourg,
une ancienne porte, et une rue, qui tous quatre ont le
nom de Marne, et bientôt, sur une place à droite, on
aperçoit la cathédrale, dédiée à saint Étienne, monument intéressant du XIIIᵉ siècle, bien que privée de ses
flèches à jour abattues en 1857 comme menaçant ruine.
Le portail principal porte les traces d'un grand bas-
relief représentant le martyre de saint Étienne, mais
mutilé en 1793 ; à l'intérieur, presque entièrement pavé
de pierres tombales du XIIIᵉ au XVIᵉ siècle, on remarque un très riche maître autel, avec un baldaquin
que supportent six colonnes de marbre, ainsi que de
beaux restes de vitraux des mêmes époques, et sur l'un
desquels, dans une scène d'une naïveté très réaliste, est
retracée l'histoire d'Adam et Ève. Nous avons vu encore
dans deux églises du voisinage, Notre-Dame et Saint-
Alpin, de magnifiques vitraux du XVIᵉ siècle, des tombeaux assez curieux, et nous avons regretté de ne pou-

voir aller jusqu'à deux autres édifices, anciens eux aussi,
qui auraient mérité, paraît-il, une visite : Saint-Loup et
Saint-Jean ; mais le temps ne nous a permis que de
jeter un coup d'œil sur l'Hôtel-de-Ville, dont la
façade, d'ordre ionique, ornée au centre de six colonnes
supportant un fronton et précédée d'un perron dont les
angles sont occupés par des chiens couchés en pierre,
termine heureusement la longue rue de Marne. Châlons n'est pas, comme on le voit, sans présenter un
certain intérêt, et nous nous sommes applaudis d'une
combinaison qui nous avait fourni le moyen d'y passer
deux heures et demie.

Nous en sommes partis à 1 heure 25, dans un compartiment au grand complet, en compagnie de militaires
en civil, qui nous ont paru être des officiers supérieurs,
allant sans doute, se délasser à Paris des manœuvres
de cavalerie qui venaient d'avoir lieu au camp de Mour-
melon, à vingt-quatre kilomètres de la ville, et trente
minutes plus tard nous étions à Épernay. Un peu auparavant, nous avions laissé derrière nous les terrains
crayeux qu'on appelle la Champagne pouilleuse ; et
maintenant c'étaient des vignes, qu'allaient bientôt remplacer à leur tour des côteaux boisés. Nous longions
toujours la Marne, dont la vallée devenait plus étroite,
et ainsi après Dormans, un chef-lieu de canton de
2,300 habitants, ancienne place forte, près de laquelle
Henri de Guise reçut, le 10 octobre 1575, le coup d'ar-
quebuse qui lui valut le surnom de Balafré, le train
atteignit à Château-Thierry le *terminus* de la banlieue
de Paris sur la ligne d'Avricourt, mais sans suspendre
sa marche, car c'était plutôt un rapide qu'un express,
devant franchir en moins de trois heures, avec deux

temps d'arrêt seulement, les 173 kilomètres qu'il y a
entre Châlons-sur-Marne et Paris. Ce ne fut donc qu'à
la Ferté-sous-Jouarre qu'il se permit une courte halte,
et il ne fit pas en passant à Meaux le même honneur à
la mémoire de Bossuet.

La Marne serpente ici dans une vallée fertile, plus ou
moins resserrée entre des hauteurs cultivées ou boisées,
dont quelques-unes ont nécessité la construction d'assez
longs tunnels : à bien des reprises différentes on traverse les sinuosités de la rivière, et de jolis paysages,
aux aspects variés, se déroulent incessamment aux re-
gards. Les charmants villages de Lagny, Chelles, Gagny,
le Raincy, Bondy, se succédèrent alors, et à 4 heures 41
nous revoyions notre gare de l'Est, d'où nous nous
sommes fait conduire à celle du boulevard de l'Hôpital.
Nous sommes allés ensuite à l'école de Droit, prendre
un renseignement dont Louis avait besoin pour la pro-
chaine année scolaire, et, le 3 septembre, a dix heures
du soir, en compagnie d'un honorable docteur, qui est à la
fois l'un de nos plus aimables concitoyens et un de mes
plus anciens lecteurs, nous rentrions à Orléans, juste à
temps pour des obsèques tristement prévues depuis
un mois. Déjà, presque au lendemain de notre retour
de Rome, une pareille cérémonie m'avait été réservée,
et puisque, cette année encore, les circonstances m'a-
mènent à comprendre dans mon récit deux hommages
funèbres, je vais, en quelques mots, m'acquitter de ce
pieux devoir. Quand bientôt, peut-être, ce sera mon tour,
parmi mes lecteurs (ils me devront bien cela) il se trouvera, je l'espère, une main amie pour consacrer à ma
mémoire quelques lignes émues.

Le 2 mai, ce fut un parent qui nous fut enlevé, dont

bientôt, nouveau malheur affreux pour cette famille désolée, le frère allait périr lui-même victime d'un accident tragique, et auquel, à lui et aux siens, nous étions unis par les liens de l'intimité la plus étroite : voisins les uns des autres, il ne se passait guère de jour sans que nous nous visitions ; affectueux et bon, obligeant et dévoué, toujours heureux de rendre service même à des étrangers, tel il était : cruellement frappé, il y a trois ans, dans sa tendresse et ses espérances paternelles, il semblait en avoir reporté une partie sur mes fils, et ne cessait de leur en donner des témoignages. Mais il était d'une nature trop aimante pour qu'il ait pu se remettre du coup dont il avait été atteint : arrivé, comme je le suis moi-même, à un âge où les santés subissent un certain ébranlement, la sienne, si robuste jusqu'alors, malgré les soins empressés dont il fut entouré, déclina peu à peu ; pendant notre voyage d'Italie, la gravité croissante de son état fut une de nos préoccupations les plus vives, et nos alarmes n'étaient pas vaines : l'évènement l'a prouvé ; du moins, quand l'heure fatale en a sonné, j'étais là pour lui rendre les derniers honneurs, et assister de ma présence et de mes conseils celles qu'il laissait après lui, plongées dans une immense douleur, que peuvent seules adoucir chez elles une foi profonde et le sentiment de ce qu'elles se doivent les unes aux autres, la mère à ses filles, pour les guider dans la vie, et essayer de remplacer leur père ; les deux sœurs à l'épouse, pour chercher à combler, dans la mesure du possible, à force d'attentions et de tendresse, le vide que la mort a creusé au foyer domestique.

Le 3 septembre, M. le curé de Saint-Aignan succomba, lui aussi, au mal sans remède qui, depuis

plusieurs mois, le minait sourdement ; une heure avant
de partir pour les Vosges, j'étais allé lui serrer la main.
Je ne doutais pas, en le quittant, que ce ne fût l'adieu
suprême que je venais de lui dire, et en effet, je ne l'ai
pas revu. Cet excellent monsieur Notin ! Il ne m'appartient pas de célébrer ici son zèle sacerdotal, sa piété
éclairée, sa dévotion envers le patron de notre ville.
Mais, ce qui touche de plus près à ma situation auprès
de lui, quels étaient son esprit d'ordre, son mérite d'ad-
ministrateur, son dévouement aux intérêts de son
Église, dont plaisantaient ses confrères, parfois peut-
être avec trop peu de réserve ! Qu'il était heureux quand,
après les nombreux embellissements dont il l'avait
déjà dotée, il pouvait encore l'enrichir d'une ornementation nouvelle ! Une plume fraternelle a déjà écrit ces
choses, et des voix autorisées ne manqueront pas de
les rappeler, quand il s'agira d'installer son successeur,
qui sera digne de lui, nous pouvons en être sûrs, la
sagesse du prélat chargé de le choisir nous en est
une garantie certaine. Mais voilà dix-huit ans que
nouveau venu dans la paroisse, n'ayant pu me décider
encore à abandonner, pour ses offices plus modestes,
les cérémonies imposantes auxquelles m'avait habitué
la cathédrale, M. Notin m'avait donné place au banc
de la Fabrique ; et depuis, dans toutes les occasions,
il avait fait preuve envers les miens et moi de la plus
affectueuse bienveillance, que, de mon côté, je recon-
naissais, comme je le devais et le pouvais, par une déférence confiante, et un respectueux attachement :
j'ai donc tenu, moi aussi, à apporter mon humble pierre
à son tombeau : oui, sa mémoire vénérée sera longtemps en honneur parmi nous, et surtout nous nous

souviendrons de lui dans nos prières, pour que le Souverain Juge, par l'intercession du saint évêque pour le culte duquel il a tant fait à Orléans, lui accorde la récompense promise là-haut à celui qui aura été ici-bas le Bon Pasteur et un véritable ami des âmes !

26 septembre 1885.

www.ingramcontent.com/pod-product-compliance
Lightning Source LLC
Chambersburg PA
CBHW070356090426

42733CB00009B/1443